KB116258

일을 살아 숨 쉬게 만드는 힘

마스터리티

장원섭 · 이호진 · 구유정 편저

Masterity

학지사

머리글

장인성(匠人性, masterity)*, 그 일과 삶의 마법

장인성이란 무엇인가

'장인성', 즉 마스터리티(masterity)는 일을 살아 숨 쉬게 만드는 힘이다.** 삶을 부패시키는 노동이 아니라 생명을 발효시키는 일의 마법이다. 이 책에서 살펴볼 현대 장인들은 일하는 삶 속에서 그런 장인성을 발휘하고 있다.

산업사회의 기계적 분업 노동과 함께 어둠 속에 묻혀 버렸던 일의 교육적 본성은 장인들을 통해 다시 밝게 비춰지기 시작했다. 일의 교육적 관점에서 장인은 현대적 의미로 재정의된다. 현대적 장인은 일하면서 자신의 존재 의의를 실현하는 사람이다. 일에서 즐거움과 보람을 느끼고 자기 자신을 끊임없이 갱신하며 일의 깊이를 더하고 넓혀 나간다. 한마디로, 장인은 '일하는 사람의 전범(典範)'으로서, 일하는 삶에서 본보기(role model)가 될 만한 사람이다(장원섭, 2015).

장인성은 성장에의 의지를 갖고 지독하게 스스로 단련하며, 주체적으로 일할 수 있을 만큼 전문적이면서 새롭고 창조적으로 일하며, 지속적으로 배움을 넓힐 뿐만 아니라 공동체와 후속 세대를 위해 아낌없이 나누고 베풀며, 일에서 최고의 희열을 느끼고 주변으로부터 인정받는 정상 경험을 하지만, 편안하고 쉬운 삶이 아니라 자기 자신과 경쟁하며 더 높이 오르려는 척박한 고원에서의 삶을 선택하는 등과 같은 요소들로 이루어져 있다. 이런 특징들을 관통하는 핵심에는 일하는 삶에서 끊임없이 자기 자신을 갱신하고 성장하는 모습이 있다.

결국, 장인성은 현대적 장인의 형성적 특성을 일컫는다. 장인정신과는 달리, 장인성은 일하는 사람의 몸에 밴 특성이다. 지난한 숙련의 시간과 공간 속에서 일을 통해 배우며 축적해 간다. 그건 누구나 일하며 배우면서 길러 나갈 수 있다는 교육적 희망을 준다.

사실, 최고의 장인이 되느냐 아니냐는 그리 중요치 않다. 어느 정도의 전문성 수준을 갖춰야 장인이라고 인정할 수 있는지를 가르는 기준도 딱히 없다. 장인이 되는 것보다 훨씬 더 중요한 건 점점 더 높은 수준으로 장인성을 형성해 나가는 데 있다. 에베레스트산이나 백두산만 산이 아니다. 청계산도 산이고 동네 뒷동산도 산이다. 어느 산이나 산꼭대기 정상은 있다. 아무리 낮은 산도 오르는 과정은 힘겹다. 그 과정을 견뎌 내려는 의지와 행동이 있어야만 정상에서의 환희를 맛볼 수 있다. 그런 '정상 경험(peak experience)'(Maslow, 1998)이 쌓이고 쌓일 때 더 높은 산에 오를 힘을 갖게 된다.

이처럼 장인성은 시간의 흐름과 누적에 따른 역동적 개념이다. 일에서 작은 성취와 정상 경험을 계속 축적하며 이어 갈 때 끊임없이 스스로를 넘어설 수 있게 된다. 이런 점에서 장인성은 일하는 사람 누구나 자신만의 고유하고 독특한 기반 위에서 만들어진다고 할 수 있다. 누구나 다 서로 다른 시간과 공간 속에서 일하는 삶을 살아간다. 따라서 누가 더 높다고 부러워할 필요도, 누구보다 더 높다고 오만할 이유도 없다. 그저 자신의 길을 묵묵히 걸어 어제보다 오늘 더 성장하는 기쁨을 누리면 그만이다. 그렇게 축적해 가는 배움과 성장의 과정에서 순간순간 얻게 되는 작은 성취감을 맛보기도 할 것이고, 그러다가 어느 순간에는 더 큰 정상 경험을 하게 될 것이다.

'실력은 계단처럼 는다'***

'실력은 비탈이 아니라 계단처럼 는다.' 2022년에 인기를 끈 드라마 〈스물다섯 스물하나〉에서 나온 대사다. 최고의 펜싱선수였던 주인공 나희도는 발레를 하는 딸이 열심히 해도 늘지 않는다며 그만두려 하자 이런 말을 했다. 어릴 적에 펜싱 신동 소리를 듣다가 오랫동안 실력이 정체돼 힘든 시기를 보낼 때 그의 아빠가 해 준 얘기라며 자신이 산증인이라고 말이다. 실제로 무언가를 배우는 방식은 S자 형태의 학습곡선을 그리는 경우가 일반적이다. 처음에는 느리게 습득하다가 일정 정도를 넘어서면 빠르게 성장하고 다시 완만해지는 계단 모양에 가깝다. 드라마 속 주인공이 말했듯이, 많은 사람이 한 계단에서 다음 계단으로 오르지 못하는 시간이 길어지면 다음 계단은 없을 거라 여겨 견디지 못하고 포기하곤 한다. 그러나 어떤 분야든 최고 수준에 있는 사람은 다 그런 계단 오르기의 힘겨움을 극복해 낸 사람들이다.

세계적으로 유명한 피아니스트 임동혁은 어릴 적부터 신동 또는 천재라고 불렸다. 그러나 데뷔 20년 차인 지금도 무대가 두렵다고 하면서 자신이 얼마나 아등바등하며 노력을 쏟아붓는지를 알면 그런 소리를 할 수 없을 거라고 말한다. 유럽 무대에서 최고의 기량을 발휘하고 있는 축구선수 손흥민은 자기 인생에 공짜로 얻은 건 하나도 없다고 얘기한다. 그는 슬럼프에 빠졌을 때 하루에 1,000번씩 슈팅을 훈련했고, 그 결과로 이 위치에 걸리면 골이 들어간다는 일명 '손흥민 존'을 얻었다고 한다. 2018년 평창올림픽과 2022년 베이징 올림픽에서 연속해서 쇼트트랙 1,500m 금메달을 획득한 최민정 선수는 타고난 체력이 최고냐는 질문에는 갸우뚱거리며 좋은 편일 거라고 머뭇거렸다. 하지만 훈련량만큼은 세계 최고라고 서슴없이 대답한다.

어떤 분야에서든 최고의 경지에 오르려면 천부적인 능력을 타고나야 할지도 모른다. 그러나 그것이 충분조건일지언정 필요조건은 단연코 아니다. 누구나 인정하는 신동인 모차르트도 아주 어릴 때부터 음악가였던 아버지가 혹독하게 훈육했기에 재능을 발휘할 수 있었다고 한다. 사실, 무언가를 해 보지도 않고 어떤 분야에 타고난 능력이 있는지를 미리 정확히 알 수는 없다. 게다가 인간의 능력은 무한하며 얼마든지 변화할 수 있다. 어떤 일이든 꾸준히 연습하고 노력해야만 실력을 향상할 수 있다.

한 분야에서 1만 시간 또는 10년 정도의 시간이 지나면 전문가가 된다는 주장도 있다. 대체로 맞는 말이긴 하다. 하지만 더 중요한 건, 얼마나 많은 시간을 보냈는가보다는 그 시간을 어떻게 보냈는가에 있다. 에릭 에릭슨(Erik H. Erikson)은 전문성을 개발하기 위해서는 '의도적이고 집중적인 연습'이 필요하다고 했다. 뚜렷한 목표를 세우고 지속적으로 자신의 실행을 되돌아보며 개선해 나가는 특정 기간을 거쳐야만 실력을 한 단계 높일 수 있다. 몸을 쓰는 기능 분야라면 숙련을 형성하기 위한 숙달 반복 훈련을 해야겠지만 이때도 깊이 생각하고 촘촘히 구상하며 계획하고 이를 다시 성찰하는 노력이 같이 이루어져야 한다. 머리로 하는 일일지라도 책만 보고 암기하며 지식을 쌓는 공부만 하는 게 아니라 관련된 실천 현장에서 직접 체험하고 몸소 경험해 보는 게 필요하다.

최고의 경지까지 오르려면 지난한 과정을 견뎌 낼 수 있어야 한다. 안젤라 더크워스(Angela Duckworth)는 성공이란 끝까지 해내는 것의 다른 이름이라며, 그 해법으로 열정과 끈기를 뜻하는 '그릿(Grit)'을 제시했다. 그렇다면, 그런 끈덕짐은 또 어떻게 얻을 수 있을까? 인성이나 성품이 꾸준하고 인내심이 강해야 할까? 이런 성격 역시 개인의 타고난 특성이라고 주장될 수도 있다. 그러나 능력과 마찬가지로 사람의 태도도 얼마든지 바뀔 수 있다. 혹독한 연습과 힘겨운 성장의 과정을 버틸 수 있는 힘을 기르기 위해서는 자신이 하는 일에서 작더라도 지속적인 성취의 기쁨을 맛보는 게 필요하다. 또한 그 일에서 정말 의미 있다고 여길 수 있는 부분들을 찾아내는 것도 중요하다. 청년도배사로 유명한 배윤슬 씨는 연세대학교를 졸업하고 도배 일을 하면서 자신의 기술이 점차 늘어 갈 때의 기쁨, 도배를 다 잘 마쳤을 때의 뿌듯함, 그리고 그 집에 들어와 살 사람들의 행복한 모습을 상상하며 보람을 느낀다고 한다. 이처럼 세상의 모든 일은 그 과정에서 성취해 나가는 즐거움이 있고 그 결과로 누군가에게는 도움을 주기 마련이다.

계단을 오를 때마다 힘이 드는 건 당연하다. 이렇게 열심히 노력하는데 왜 실력이 안 느냐고 투덜대거나 좌절하려다가도 그 순간을 버텨 내면 어느새 한 계단 높이 올라서 있게 된다. 그렇게 한 계단 한 계단을 오르다 보면 어느 순간 꽤 높은 곳에 올라와 있는 자신을 발견할 것이다. 영화감독 최동훈의 말처럼, '하면 된다'고 단언할 수는 없지만 '하면 는다'는 건 분명하다. 어찌 됐든 일단 해 보고 견뎌 내는 게 중요하다. 이번에 실패를 하더라도 다음에는 더 잘할 수 있을 테니까 말이다. 실패가 두려워 도전하지 않고 포기한다면 더 나아질 기회를 스스로 박탈하는 셈이다. 그러니까 우연히 접하게 된 일이든 임시로만 하는 일이든 지금 나에게 닥친 일이라면 어떻게든 잘해 보자. 성공보다는 성장에 더 주목해 보자. 그러다 보면 지금의 노력이 디딤돌이 돼 다음 계단으로 나아갈 수 있고, 그런 과정이 쌓여 가면서 어느새 그 분야 최고의 '장인(匠人)'이 돼 있을지도 모른다.

장인성을 보여 준 사람들의 이야기

이 책에서 소개하는 현대적 장인들을 선정한 기준이 무엇이냐고 묻는다면, 그 대답은 한마디로 장인성을 보여 준 사람이다. 물론, 그들이 하는 일의 내용은 천차만별이다. 전문성의 수준이나 경력 단계에서도 큰 차이를 나타내기도 한다. 일하는 삶의 여정에서 이제 막 나지막한 봉우리에 오르고 있을 수도 있고 이미 가장 높은 경지라 여겨질 수 있는 위치에 있을 수도 있다. 그럼에도 불구하고, 이들은 모두 끊임없이 자기 자신을 넘어서려는 장인적 역동성을 가지고 있다. 일다운 일을 하며 우리 일터와 사회를 배움과 성장, 나눔과 베풂, 그리고 보람과 행복의 빛으로 밝게 비추는 마법사 같은 역할을 하고 있다.

이 책은 4개의 파트로 구성되어 있다. 제I부에서는 혼자 일하는 독립 메이커들의 장인성을 살펴본다. 이들은 모두 독립적으로 홀로 일하지만, 결코 혼자가 아니다. 다른 누군가와의 관계를 통해 배우고 성장하며 장인성을 키워 나갈 수 있었다.

제1장에서는 시계, 목공, 인형 메이커인 젊은 금손 3명의 이야기

를 다룬다. 젊은 독립 메이커는 초연결사회의 대두와 함께 새롭게 부각되었다. 인터넷으로 연결된 초연결성은 이들이 원하는 일을 배우는 데 있어서뿐만 아니라 이들이 만든 작품을 소비하는 전 세계 마니아를 갖게 해 주었다.

제2장에서는 세운상가 수리 장인들을 통해 오래된 장인의 귀환을 살펴본다. 1968년에 설립된 세운상가는 '한 바퀴를 돌면 탱크와 미사일도 만든다'는 말이 나올 정도로 각양각색의 기술자들이 모인 곳이었다. 4명의 세운 장인을 통해 오래된 장인의 기술력을 사회적으로 인정하고 지원할 뿐만 아니라 한데 모여 서로를 성장시키는 세운 공간의 창조적 가치에 대해서도 고찰할 수 있다.

제II부에서는 혁신의 상징이라 할 수 있는 기업가의 장인성을 살펴본다. 이들에 대해서는 주로 경영의 관점에서 다루어져 왔고, 따라서 기업가의 일과 배움에 대해서는 별로 알려진 바가 없다. 그럼에도 불구하고, '창조적 파괴자'(Schumpeter, 1934)이자 모험가이며 도전자인 앙트레프레너(entrepreneur)의 혁신성은 장인성의 핵심 요소이기도 하다.

제3장은 다양한 분야에서 성공적으로 사업을 운영하는 11명의 스타트업 기업가의 이야기다. 사업가로서의 능력은 타고난 것이라기보다는 배우면서 만들어져 가는 것이라는 사실을 알 수 있다. 기업가들이 쉼 없이 생각하고 수고하는 이유는 일하면서 얻은 성취의 희열과 사회적으로 가치로운 확장을 통한 보람 때문이다. 그래서 이들은 지난한 배움과 이를 통한 혁신의 고행길을 걷고 또 걷는 장인적 학습자가 됐다.

제4장에서는 전통 차(茶)를 계승하는 기업가를 다룬다. 가족기업인 보향다원의 사례를 통해 창조적 계승기업가로서의 장인성을 찾

아볼 수 있다. 이들은 단순히 선대의 유산을 이어받는 것을 넘어서, 고숙련의 끝에서 창조력을 발휘하며 새로운 제품들을 만들어 냈다. 그럼으로써 우리 사회에서 차 문화를 확산하려는 소박하지만 귀한 꿈을 향해 나아가며 장인적 성취를 이루어 내고 있었다.

제III부에서는 조직 안에서 일하는 근로자들의 장인성을 다룬다. 수년 전부터 직장인들 사이에는 '워라밸'이 화두로 등장했고, 근래에는 '조용한 사직'이라는 말이 화제가 되고 있다. 일을 삶과 분리하겠다는 워라밸을 넘어, 이제는 직장에서 일을 최소한만 하면서 버티겠다는 거다. 일은 정말로 불행일 뿐일까? 일도 삶의 중요한 일부일진대, 일이 삶과는 조화할 수 없는 것일까? 의미 있게 일하면서 장인성을 키워 나가는 여러 분야 직장인들의 이야기를 통해 이에 답한다.

제5장에서는 타인을 더욱 빛내는 2명의 전문비서 이야기를 들어본다. 이들은 전통적으로 보조적인 업무로만 여겨져 온 비서직에서 끊임없이 배우고 성장하면서 전문비서로서 역할을 다하고 있었다. 주도적으로 일할 수 있는 전문적인 역량을 갖춤으로써 자기 일에서 진정한 주인이 될 수 있었다.

제6장에서는 A 기업의 영업직 초기 경력자 5명의 이야기를 살펴본다. 이들은 우연한 계기로 영업 일을 시작했고 어려움과 좌절도 겪었다. 비록 초보 영업사원이지만 강한 의지로 폭넓게 학습하며 이를 극복해 나갔다. 자신의 일에 대한 의미를 찾으며 장인성을 형성해 가고 있었다. 이들을 통해 열의와 의지를 갖고 묵묵히 자기 길을 걸어가는 직장인의 첫걸음에 대해 생각해 볼 수 있다.

제7장은 B2B 영업 우수 성과자 6명의 사례로, 제6장에서 이어지는 이야기라고 할 수도 있다. 이들은 영업 분야에서 작은 성취와 성공 경험들을 바탕으로 일의 즐거움과 고객 신뢰를 쌓아 가며 더욱

크게 성장해 갔다. 일과 삶을 따로 생각하기보다는 일하는 삶 속에서 진정한 행복을 추구했다.

제8장에서는 반도체 장비 고숙련 엔지니어 7명의 장인성을 살펴본다. 이들은 반도체 산업 발전 초기 단계부터 국제 경쟁력을 갖춘 현재에 이르기까지 다양한 경험과 지식을 보유하고 있다. 이를 후대에 전수하기 위해 애쓰고 있다. 이와 동시에, 지금도 배움의 의지를 놓지 않고 지속적으로 학습하여 인생 최고의 역작을 만들기 위해 힘을 쏟는다. 그렇게 매일 해 나가는 일이 곧 자신의 삶을 의미 있고 가치롭게 만들어 주고 있었다.

제IV부에서는 여성의 장인성을 살펴보며 일하는 삶에서의 젠더 갭에 대해 다룬다. 노동시장에서의 성차별이 존재하는 상황에서 여성들이 경험하는 일의 세계와 그 속에서 장인성의 의미를 탐색한다.

제9장에서는 여성 장인이 탄생하기에는 척박한 일터와 경제·사회 환경에서 여성이 과연 장인이 될 수 있을지의 문제를 제기한다. 특히 일과 가정을 병행하는 여성에게 장인이 되라고 강요하는 건 어쩌면 슈퍼우먼 신드롬을 반복하는 것일 수도 있다. 그럼에도 불구하고, 성평등한 사회를 마냥 기다리거나 투쟁만 하고 있을 수는 없다. 지금 주어진 여건에서도 최선을 다하고 있는 '장인적 여성'이 본보기가 될 수 있음을 제시했다.

제10장에서는 장인적 여성 4명의 이야기를 들어 본다. 공간을 정리하는 일을 하며 의미 있게 자신의 길을 걸어가는 정희숙 공간 정리 디자이너, 경력 코칭과 관련한 다양한 사업을 펼치며 자신만의 고유한 일들을 즐겁게 만들어 가는 이재은 여성 커리어 교육자, 여성으로서의 경험과 감수성이 가사 사건을 전문으로 다루는 법률 일을 하는 데 강점이 된다는 양소영 변호사, 그리고 '투명한 그림자'가

되어야 하는 운명을 가진 번역 일을 통해 누구보다 분명히 자신의 정체성을 쌓으며 일하는 노지양 번역가가 그들이다.

제11장은 경력 사다리의 외길이 아니라 정글짐과 같은 다방면의 길을 걷는 여성의 의미 있고 가치롭게 일하는 삶을 위한 제언이다. 그것은 여러 정체성과 역할을 넘나들며 일하는 과정에서 자신의 영역을 확장하고 더욱 의미 있게 살아가는 삶의 방향성을 정립하며 끊임없이 성장하는 것이다. 이는 여성들만을 위한 장인성이라기보다는, 일에서뿐만 아니라 일 이외의 영역에서도 가치롭게 살아가는 모두를 위한 확장된 삶의 장인성이라 할 수 있다.

손가락이 아니라 달을 보자

이 책은 원래 2015년에 출간한 『장인의 탄생』 후속편으로 기획했다. 그래서 줄곧 '장인의 탄생 2'라고 명명하며 작업했다. 첫 번째 책에서는 전통수공업 분야, 기능직 명장, 전문직업인, IT 분야, 문화예술인 15명의 이야기를 담았다. 이들은 하는 일의 내용과 상황이 매우 달랐지만, 적어도 자기 일을 대하는 태도와 일에서 성장하는 모습이 너무나 닮아 있었다. 자기 분야에서 최고로 인정받는 장인들의 공통된 특성을 기반으로 '장인성'을 개념화하고 체계화했다.

이 책은 그 이후의 확장된 연구 활동을 통해 이루어 낸 결과물이다. 장인성을 더욱 다양한 직업 분야에서 확인하고 조직과 사회 차원으로 넓히려 했다. 제1장의 젊은 금손인 독립메이커는 YTN 사이언스에서 2020년 1~2월에 방영된 3부작 다큐멘터리 〈더 메이커스〉에 출연해 인연을 맺었다. 제2장의 세운상가 수리 장인들은 서울시 평생교육진흥원과 함께 세운상가 장인들을 대상으로 한 〈일터학습 스토리 발굴〉 프로젝트에서 처음 만났다. 제3장의 스타트업 기업가들은 한국청년기업가정신재단의 지원으로 수행한 창업가 특성에 관한 연구와 연세대학교 지원의 조직 장인성 연구에서 찾아냈다. 제4장 전통 차(茶)장인, 제5장 전문비서, 제6장 영업 초기 경력자, 제7장 영업 우수 성과자, 제8장 반도체 장비 엔지니어는 장인성을 공부한 학생들이 주로 자기 분야에서 본보기가 될 만한 사람들을 찾아 연구한 논문들에서 소개했던 사례다. 제IV부 여성의 장인성은 한국연구재단이 지원한 〈여성 장인의 일과 배움〉 연구를 통해 찾은 사례에 주로 기반한다. 이 과정들에서 많은 동학이 함께 연구했으며 이 책의 집필에도 참여했다.**** 같이해서 더할 나위 없이 기쁘고 고맙다. 또한 이 책을 완성할 수 있도록 학술연구비를 지원(과제명: 현대적 장인의 일과 배움)한 연세대학교에 감사한다.

아쉽게도 여러 가지 사정으로 인해 모든 연구를 이 책에 다 담지는 못했다. 연구 과정에서 만난 모든 분을 다 소개하지도 못했다. 그럼에도 불구하고, 그분들이 모두 이 연구에 크게 공헌했음은 분명하다. 어느 분야에서 일하든 이들은 모두 자기 일에서 끊임없이 성장하면서 행복하게 일하는 삶을 살아가는 장인성을 보여 주었다. 연구에 기꺼이 참여하고 기여한 모든 분께 감사드린다.

독자에게 꼭 당부하고 싶은 게 있다. 그건 손가락으로 달을 가리키는데 달은 보지 않고 손가락만 쳐다보는 우를 범하지 말기를 바란다는 것이다. 한마디로, 개별 장인보다는 그들의 장인성에 주목하여야 한다. 장인도 인간이므로 일이 힘들고 일하기 싫을 때가 많다. 때론 금전적 유혹에 빠질 수도 있다. 일하는 과정에서 굴곡이 있을 수밖에 없기도 하다.

장인성은 업무에서 큰 성과를 내거나 사회적으로 성공하는 것보다는 일에서 끊임없이 성장하고 마침내 성숙해 가는 과정을 강조한다. 따라서 앞서 언급했듯이, 높은 경지에 오른 장인이 되고 말고는 그리 큰 문제가 아닐 수 있다. 오히려 일하는 삶을 통해 장인성을 차곡차곡 쌓아 가며 성장해 나가는 게 더 중요하다. 그래야만 일에서 성장의 기쁨을 누릴 수 있다. 그래야만 일이 즐겁고 행복해질 수 있다. 그러면서 일의 의미와 일하는 삶의 가치를 올바로 세워 나갈 수 있게 된다.

이 책의 내용은 독자가 관심을 갖고 있는 주요 이슈나 직업 형태에 따라 순서에 상관없이 읽어도 무관하도록 구성했다. 각 파트의 끝에는 클립페이지로 장인성의 8요소를 선형 척도화한 장인적 학습, 장인적 성취, 장인적 일하기, 장인적 영향력의 개념을 설명하고 이해를 돕기 위한 통계자료를 제시했다.

일은 우리에게 재미와 보람을 주며 가르치고 성장시킨다. 인간은 일하는 과정에서 자기 자신을 만들어 내기도 한다. 일을 통해 공동체에 기여하고 발전시킨다. 일은 생계만을 위한 노동이나 경제·사회적 직업 지위만을 뜻하지 않는다. 의미 있고 가치롭게 일하는 삶을 살아가면서 우리는 나 자신과 가정, 그리고 우리 사회를 더욱 행복하게 만들어 간다. 장인성은 바로 그런 일에 생명을 불어넣는 힘이다.

2023. 10.

장원섭

차례

I

다시 돌아온 금손:
독립 메이커의 장인성

혁신의 앙트레프레너:
기업가의 장인성

조용한 사직 시대 일의 의미:
근로자의 장인성

일하는 삶의 젠더 갭:
여성의 장인성

I. 다시 돌아온 금손

독립 메이커의 장인성

제I부는 독립적으로 물건을 만드는 장인들의 이야기다. 이들은 혼자 일하지만 결코 혼자가 아니다. 제1장에서는 새롭게 등장하고 있는 젊은 독립 메이커의 장인성을 다룬다. 이들은 전 세계적으로 연결된 네트워크, 즉 초연결사회의 토양 위에서 일하며 성장하고 있다. 이와는 대조적으로, 제2장에서는 사양길로 접어들었던 세운상가의 오래된 장인들을 통해 이들이 보여 준 가치를 재조명한다. 이들은 세운이라는 공동체의 공간에서 물건을 만들고 수리하는 창조력을 발휘해 왔다.

제**1**장
젊은 금손의 등장*

1. 독립메이커의 일의 세계

초연결사회(Hyper-Connected Society)란 사람, 사물, 미디어 등의 모든 것이 네트워크화된 사회를 뜻한다. 인터넷으로 연결된 초연결사회로의 전환은 일하는 방식, 생산 주체, 그리고 배움의 방법 등에서 변화를 가져오고 있다.

초연결사회에서는 장소와 시간에 구애받지 않고 일할 수 있다. 과거 산업혁명 시대에는 자본가가 생산시설을 독점했다. 이는 개인을 생산의 주체에서 소외시키는 결과를 낳았다. 반면에 초연결사회에서는 공유생산경제를 통해 아이디어만 있으면 개인이 주체가 되어 자신만의 상품을 만들어 낼 수 있다. 그뿐만 아니라 적은 비용과 클릭 한 번으로 전 세계 소비자에게 자신의 제품을 선보이고 판매할 수도 있다.

이러한 연결 현상은 독립메이커의 수를 폭발적으로 증가시켰다. 독립메이커란 독립적으로 한 개인이 대량생산체제의 상품에서 벗어나 자신의 가치와 취향에 맞는 상품을 소량 생산하는 사람들을 말한다. 데이비드 랭(David Lang, 2013)은 메이커를 무엇인가를 만들거나 생산하는 사람으로 정의했다. 이들은 주변의 사물을 고치고 만들어 내는 성향을 가지고 있다고 했다. 앤더슨(Anderson, 2012)은 과거 메이커들과는 달리 21세기 메이커들을 자신의 창작물을 온라인에 공유하며 피드백을 받고 협업하는 웹세대로 표현한다.

미국의 최대 독립메이커 마켓플랫폼인 'Etsy'사의 2022년 3분기 보도자료와 IRB 자료에 따르면 독립메이커가 740만 명이 등록되어 있다. 이들의 95%가 자신의 자택에서 작업을 하며 그중 79%가 여성인 것으로 나타났다. 'Etsy'사의 총매출은 2018년 약 3.8조 원에서 2021년 약 16.5조 원으로 급격히 성장하고 있다. 독립메이커의 양적인 증가와 함께 그동안 숨어 있던 장인들이 모습을 드러내기 시작했다. 더욱 관심을 가져야 할 부분은 우리가 상상하는 연륜 있는 장인의 모습이 아닌 젊은 장인들이 등장하기 시작한 것이다.

이 장에서는 새롭게 등장하고 있는 젊은 독립메이커 장인들의 이야기를 소개하고자 한다. 이들의 배움과 성장을 탐색하고 장인이 성장하는 생태계에 대해서 생각해 본다. 여기에 소개된 젊은 장인들은 이미 최고의 '정상 경험'을 맛본 이들도 있고 자신의 눈앞에 놓인 정상을 정복하고 다음 정상을 향해 떠나는 젊은 장인들도 있다. 중요한 것은 이들이 역동적인 장인성을 보여 주는 일하는 사람의 롤모델이라는 것이다.

2. 장인의 도구: 현광훈 시계 메이커

내가 만드는 시계는 작고 복잡한 부품들과 톱니바퀴의 조합으로 만들어지고 겉은 시계 다이얼과 케이스로 덮여진다. 겉으로 보여지는 모습은 여느 시계와 다름이 없다. 하지만 나는 시계를 밖에서 보지 않는다. 시계의 안쪽에서 무수히 많이 반복되는 톱니들의 사이에서 시간의 흐름을 주목한다. 톱니바퀴들은 대칭과 반복을 이루며 저마다 각자의 속도로 일정한 방향으로 움직인다. 절대적인 질서와 규칙에 의해 움직이는 시계 안의 세상은 완전함에 가깝다. 그 안에서 나는 초침의 톱니바퀴가 한 바퀴를 돌아 분침을 밀어내어 1분을 만들어 내는 것을 보기도 하며, 톱니와 톱니 사이의 간극에서 멈춰진 시간을 보기도 한다. 나의 시계는 오로지 나에 의해 만들어진 내가 꿈꾸는 완벽한 세상을 투영한다.

—현광훈 작가노트 中

현광훈 작가는 금속공예가다. 홍익대학교에서 금속 조형 디자인을 전공했고 대학원에서 석사와 박사 학위를 받았다. 현 작가는 핀홀 카메라로 많이 알려져 있지만 시계 메이커로 더 알려져 있다. 시계의 모든 부품을 직접 가공 제작하고 모든 과정을 홀로 만들 수 있는 사람은 국내에서 현광훈 작가가 유일하다.

어린 시절 로봇의 작동원리에 호기심을 가지고 과학자를 꿈꾸던 소년이 금속공예가이자 독보적인 시계 메이커 장인으로 성장하기까지 어떠한 배움의 과정이 있었을까? 이 이야기의 시작은 대학 시절로 돌아간다.

새로운 이끌림: 핀홀 카메라와의 만남

현 작가가 금속 조형 디자인학과를 선택한 이유는 기계의 작동원리와 만들기를 좋아했던 작가 자신과 당시 유행했던 산업디자인 계열을 권유하셨던 부모님 의사를 절충한 결과였다. 특히 도자, 섬유, 목조, 금속 가운데 밖에서 배우기 어려운 금속을 선택했다. 그러나 처음 기대했던 것과 달리 전공 초기에는 주로 반지나 브로치 같은 장신구를 만드는 것이 대부분인 커리큘럼에 적잖게 당황하기도 했다. 그러나 작동원리가 들어가는 조명을 배우면서부터는 자신이 만든 것을 실제로 사용하면서 전공에 재미를 붙이기 시작했다.

그러다가 대학교 3학년 때 우연히 수강한 교양과목에서 핀홀 카메라를 만드는 과제를 하게 됐다. 원래 깡통이나 종이상자로 만들어 오는 단순한 과제였으나, 전공인 금속 조형을 활용해 금속으로 핀홀 카메라를 제작했다. 현 작가는 평소 카메라를 좋아해 온라인 카메라 동호회에 가입하여 교류하며 사진을 찍고 카메라를 분해해 보는 것을 즐겼다. 그래서 단순하게 만들 수도 있었지만 도전해 보고 싶고 재미있을 것 같다는 생각이 자신을 이끌었다고 한다. 이렇게 자신만의 금속 핀홀 카메라를 탄생시켰다. 이 핀홀 카메라는 온라인 카메라 동호회를 통해서도 많은 화제를 낳았다.

미지의 세계: 시계의 메커니즘 속으로

핀홀 카메라는 현광훈 작가를 새로운 미지의 세계로 안내했다. 석사학위논문 주제를 고민하던 중 핀홀 카메라의 불편함을 떠올렸다. 당시 핀홀 카메라는 원시적이라 셔터를 열어 준 뒤에 일정 시간이 지난 뒤 수동으로 닫아 줘야 하는 불편함이 있었다. 시간을 놓치면 다시 그 시간을 공들여야 할 때가 많았다. 현 작가는 셔터를 자동으로 닫아 주는 방법에 대해 고민했고, 전자적 방식이 아닌 기계적인 해결방법을 택했다. 이를 위해서는 시계의 기계적 메커니즘을 알아야 했다.

시계를 배우기로 결심했지만 국내에서는 시계를 배울 수 있는 곳이 없었다. 2년에 한 번 선발하는 스위스 시계학교(WOSTEP)도 입학 시기를 놓쳐 버렸다. 일본(히코미즈노 대학)으로 방향을 틀어 떠나려 했을 때 하필이면 후쿠시마 원전사고가 터져 그것마저 불가능해졌다. 포기할 만한 상황이었으나 결국 선택한 것은 독학이었다.

독학을 결정하긴 했으나 막막함이 밀려왔다. 이때 특이한 방법을 통해 목적지를 향해 간다. 유튜브 와치 메이커 채널을 통해 유럽 시계 장인들의 인터뷰 영상을 모조리 찾아보면서 인터뷰 화면 배경에 등장하는 작업장 도구들을 유심히 살펴봤다. 공통적인 도구들을 기록해 놓고 나중에 이베이 등 국제경매사이트를 뒤져 낙찰받아 구입했다. 재정상 구입이 어려운 비싼 도구들보다는 1800년대나 1900년 초반 와치 메이커가 쓰던 중고 도구를 중심으로 사들였다.

설명서도 없고 때로는 고장난 도구들을 통해 현 작가는 조각을 맞추듯 손으로 사용해 보고 머리로 추론해 가며 시계 메커니즘에 한 걸음씩 다가가기 시작했다.

이걸 돌려 보면서 나올 수 있는 아웃풋의 형태에 대해서 고민해 보고 그거 랑 시계의 부품이랑 연관시켜서 생각해 보고 그러면 '여기 부품이 없어진 것 같다.' 혹은 뭐 그냥 제가 생각하기에 여기에 이런 손잡이가 달려 있어 서 '얘가 작동할 것 같은데.'라는 생각이 들면 그냥 뭐 손잡이 달아서 쓰는 거죠. 그냥 이게 원래 그렇게 쓰는 건지까지는 잘 모르겠지만 어쨌든 제가 쓰는 데, 제가 활용하는 데는…….

가설을 세우고 어떻게 만들었을까, 분명히 이거 100년 전에 와치 메이커 가 분명히 쓰던 건데, 그때도 분명히 시계를 그렇게 만들었을 텐데, 그리 고 제 목표는 시계를 만드는 것 자체가 목표가 아니었기 때문에 그 카메라 를 만드는 거…….

그렇게 2년의 시간이 흘렀다. 현 작가는 자신이 생각했던 시계 메 커니즘이 적용된 핀홀 카메라를 만드는 데 성공했다. 현 작가는 그 2년의 세월이 뭔가에 푹 빠져 있었던 가장 행복한 시간이었고, 비약 적인 성장을 경험했다고 한다.

그냥 이렇게 깊게 빠져서 연구를 했던 것 같아요. 진짜 눈만 뜨면 검색하 고 잠들기 전까지 검색하고, 맨날 구글, 유튜브 이런 데 이베이 이런 데 와 치 메이크 와치 메이크 툴 와치 메이크 머신 맨날 검색하고, 이미지 봤던 거 계속 넘기면서, 그리고 버스 타고 작업실 오는 와중에도 지하철에서, 버스에서 맨날 검색하고 검색하고 그게 일이었던 것 같아요. 그게 너무 재 미있었어요. 뭔가 하나씩 이렇게 찾아보고 작업실 도착하면 바로 그거 이 제 한번 이걸 이렇게 해 봐야겠다 생각하고 온 거를 한번 해 보고 실패하 면 원인을 찾아보고 다른 걸 또 검색해 보고 계속 이런 걸 계속 반복하면 서 했는데 2년 동안 계속 그렇게 했어요. 그 2년 동안 뭔가를 연구해서 작

품 하나를 만들었다는 것 자체도 처음 있는 일이었고 저로서도 굉장히 보
람되고 그 시계를 카메라로 완성했을 때 뭔가 그 희열은……

장인만의 특별한 학습방식이 있다면 그것은 도구적 학습자라는
것이다. 옛말에 '장인은 도구 탓을 하지 않는다'지만, 이것은 거짓말
이다. 장인들에게 일의 과정 중 가장 중요한 것이 무엇이냐고 묻는
다면 돌아오는 대답은 도구다. 현광훈 작가의 작업실 이름은 'Three
Hands Studio'다. 말 그대로 제3의 손, 도구를 말한다. 시계를 만들
어 낸 과정도 도구를 먼저 찾아보고 도구를 사서 만져 보고 역으로
유추해서 만들어 낸 것처럼, 현 작가의 도구 사랑은 대단했고 그걸
로 독학할 수 있게 됐다.

시계만 바라보던 2년의 세월은 또 다른 궁금증을 가져왔다. 현 작
가는 '그럼 손목시계는 어떻게 저렇게 정확하게 가는 걸까?'라는 호
기심이 생겼다. 4년의 연구와 제작을 통해 국내에서는 처음으로 온

하트비트 1(핀홀)

하트비트 3(핀홀)

오토마타

손목시계

탁상시계

벽시계

전히 부품까지 직접 제작한 손목시계를 만들어 냈다. 그렇게 한 정상의 등극은 또 다른 정상으로 그를 이끌었다.

폭발적 확장과 SNS를 통한 나눔

카메라와 시계 제작에 대한 모든 과정을 습득한 현 작가는 다양한 작품과 금속 예술품으로 그 영역을 확장하기 시작했다. 시계 메커니즘이 적용된 핀홀 카메라인 하트비트 1모델이 3모델로 진화하면서 모든 부품과 설계를 직접 하게 됐다. 손목시계에서 탁상시계와 벽시계 등 다양한 시계로 확장했다. 또한 해당 기술이 적용된 다양한 오토마타 금속 공예품을 선보였다.

현 작가는 자신의 아이디어, 도구, 그리고 작업 과정을 SNS를 통해 기록하듯이 공유하기 시작했다. 얼마나 힘들게 배웠는데 그걸 다 공개한다고? 현 작가는 누군가를 가르친다기보다는 자신이 겪은 힘든 과정을 후발주자들은 조금이라도 덜 겪었으면 좋겠다고 생각했다. 그들이 어디 있는지는 모르겠지만 빨리 자신의 것을 보고 따라잡기를 바랐다. 그래서 같은 선상에서 이야기하면서 같이 나아갈 동료가 되기를 소망했다. 이러한 공유를 통해 유럽 시계학교에 다니는 학생들이 인턴으로 받아 달라는 연락이 오기도 했다. 처음에 현 작가는 이를 고사했다. 자신의 방식이 옳은 건지에 대한 믿음이 없었기 때문이었다. 그러나 지속되는 요청에 결국 인턴으로 받아들였다. 그런 과정 중에 현 작가는 자신의 방식에 대한 믿음이 생겼다.

SNS에서 이렇게 소통하고 교류하면서 각자만의 방식이 있고 결국은 정답이라는 거는 따로 있는 게 아니구나. 결국은 목적지는 같지만 이렇게 가든

이렇게 가든 자기만의 방식이고 스타일이고 그걸 알고 나니까 마음이 편해지더라고요.

일을 즐기려면 노력이 필요하다

현광훈 작가는 '일을 즐겨라.'라고 말한다. 식상할 수도 있는 이야기다. 그러나 우리가 알고 있는 것에서 빠진 것이 있다고 한다. 일을 즐기려면 노력이 필요하다는 것이다. 이 노력의 의미는 현 작가의 다음과 같은 말을 통해 알 수 있다.

사람마다 좀 다를 수도 있겠지만 저는 어쨌든 궁금한 걸 찾아가는 과정이 재밌는 거거든요. 근데 이제 정답을 알았을 때 허무할 수도 있잖아요. 이게 그다음이 없을 수 있잖아요. 그다음 산을 바라볼 수 있는 노력이 필요한 거 같아요. 이게 내가 여기서 뭔가 궁금한 걸 딱 이걸 찾아가지고 결국 이걸 해냈을 때 그다음 목표를 세우고 그다음 뭔가 이렇게 이 호기심을 또 찾아야 되는 거죠.

그 노력이 있어야 이것을 계속 즐길 수가 있고……. 사실, 이거를 계속 돈 버는 것도 중요하고 생계유지하는 것도 중요하고 뭐 이런 것도 중요하지만 저는 제가 지금까지 작업을 해 오면서 제일 중요한 것은 이 작업에 흥미를 잃지 않는 거거든요. 그러기 위해서 노력을 많이 했던 것 같아요.

3. 장인의 시선: 김수희 목공 메이커

우연한 계기든 아니면 본인이 처음부터 이게 좋아서 시작하셨든 이런 길로 들어서셨다면 본인의 것이 좋다고 생각하는 어떤 순수한 믿음 같은 걸 가져야 하는 것 같아요. 네, 그러니까 이게 '내가 최고야.' 이런 신념이 아니라 뭔가 자기의 아웃풋이나 결과물을 사랑할 수 있는 어떤 그런 순수한 믿음 같은 건데, 이게 왜 그러냐면 제가 공예를 하지만 공예를 하는 사람들은 계산에 좀 느리다고 생각해요.

이게 왜 그러냐면 굉장히 비효율적인 작업, 굳이 하지 않아도 되는 어떤 비생산적인 어떤 요소들을 자기의 작업에 굉장히 집어넣거든요. 물론 그게 당연히 자기가 표현하고자 하는 어떤 가치와 결부돼서 꼭 그런 투입이 있어야 그런 결과물이 나오는 어떤 공예적인 측면은 있긴 하지만 어쨌든 굉장히 비효율적인 사람들이에요.

그런데 그게 가치가 있다고 믿으려면 본인이 만드는 것에 대한 어떤 가치를 믿어야 하고 그것을 지속할 수 있는 약간 순진한 마음이 있어야 해요. 이것이 꼭 돈을 벌어다 준다거나 나에게 명예와 부를 안겨 준다가 아니라 본인이 하는 일이 가치가 있고 이거를 지속해 갈 수 있다는 어떤 약간 진짜 인간적인, 공예가적인 순진함이 좀 있어야 가능한 일이라고 생각해요.

손에 쥔 월급을 내려놓다

김수희 작가는 초등학교 시절부터 20대 사회초년생이 될 때까지 오롯이 건축가가 꿈이었다. 그녀는 대학에서 건축학을 전공하고 대기업 건설회사에 입사했다. 그러나 막상 하게 된 건축 관련 일은 본인이 꿈꾸었던 건축 공간이나 창의적인 일과는 거리가 멀었다. 공간과 조형에 워낙 관심이 많았던 김 작가는 '내가 무엇을 할 수 있을까?'라는 고민 중에 퇴근 후 목공을 배우기 시작했다. 새롭게 접하게 된 목공은 신세계였다. 건축이 많은 참여자의 합이 나오는 결과물이라면 목공은 오롯이 자신만의 것이었다. 관심사였던 건축의 공간을 목공의 가구에 조형을 더하여 새롭게 공간을 창출하는 일로 변화시킨 것이다. 처음부터 공예가가 되겠다고 시작한 목공은 아니었지만 그 재미에 이끌려 목공 메이커의 길로 들어섰다. 물론 쉬운 결정은 아니었으나 목공으로의 이끌림은 그것을 가능하게 했다.

아까도 말씀드렸지만 제가 제 인생을 뭔가 이렇게 뭔가 모자라는 것 같은 상태, 공허한 상태로 가고 싶지는 않다는 게 가장 컸고 이제 회사라는 것은 사실은 매달 들어오는 월급의 그 달콤함을 사실 버리기가 좀 어렵긴 해요.

그래서 저 같은 경우도 뭐 어쨌든 일이나 저나 대기업에 있었기 때문에 그거를 당장 내려놓고 잘 될지도 안 될지도 모르는 주변에서 좀 만류하는 기조가 있었던 그런 목공을 하는 게 쉽지는 않았는데, 근데 그런 생각은 들더라고요. '내가 월급이라는 거를 이렇게 막 손에 이렇게 쥐고, 수입을 이렇게 적든 많든 어쨌든 쥐고 있으면 내가 이 손에 다른 나의 성취감이나 어떤 원하는 거를 또다시 쥐기는 어렵겠구나. 그래서 이거를 놔 버려야 내가 손에 무언가를 쥘 수 있지 않을까.'라는 생각을 했고 그냥 가장 컸던 거는 너무 좋았어요. 그냥 이게…….

일의 진정한 의미를 깨닫게 해 준 나무와의 대화

김수희 작가 역시 처음 숙련의 과정은 기술을 익히는 과정이었다. 표현을 하기 위해서는 테크닉이 필요했기에 오로지 지속적인 연습만이 기술을 자신만의 것으로 만들 수 있었다. 공예가들은 머리로 생각한 것을 정확히 손으로 내뱉을 수 있어야 한다. 즉, 머리와 손이 같이 있어야 한다. 그러나 김 작가는 기술보다는 표현하고자 하는 것에 더 집중했다. 기술은 표현하고자 하는 것에 몰두하고 1년, 2년, 10년 하면 늘 수밖에 없었다.

김 작가는 목공예를 배우면서 많은 성찰의 시간을 가졌다. 사실 목공은 노동집약적이고 본인의 많은 시간과 노동을 투입해야 아웃풋을 가져올 수 있다. 그럼에도 불구하고, 사람들이 굳이 와서 한다는 것이 처음에는 신기했다. 더욱이 자신의 돈을 지불하면서 말이다. 그것은 소모적인 일이라 할 수도 있다. 그러나 김 작가는 사람들이 굉장히 몰두하는 것은 창의적인 일에 대한 본능적 니즈와 단순히 머리만이 아닌 머리와 손으로 무언가를 만들어 낼 때의 기쁨이라는 베이스를 누구나 가지고 있다고 생각한다. 시끄러운 기계 소리 속에서 하루 종일 샌딩을 하며 먼지를 뒤집어쓰면서도 모두가 "시간이 진짜 빨리 간다." "스트레스가 풀린다."라고 말하는 것을 들으며 일의 진정한 의미를 깨달았다. 물론 그것이 본인 자신의 경험이기도 했다.

결과적으로는 그런 것 같아요. 그때는 '재밌다' 같은 느낌이었는데 그게 이제 왜 재밌었을까…… 제가 시간을 들이고 주말에도 놀지도 않고 여기와서 이렇게 하는 게 어떤 의미였을까를 생각해 보면 결과적으로 내가 어떻게 살아가야 하는지의 방향성을 그 속에서 찾은 게 아닐까 하는 생각이 들어요.

장인의 시선은 내부를 향한다

장인들은 사물을 바라보는 시선이 내부를 향한다. 사물을 밖에서 보지 않고 안쪽에서 본다. 이것이 어떻게 만들어졌고 어떤 의미가 있는가를 살핀다. 이런 관점은 사물의 진정한 가치를 알 수 있게 해 준다.

> 맞는 것 같아요. 맞아요. 이게 저희가 이렇게 작가들 작품과 제품이라는 것이 무엇이 다르냐를 얘기할 때 작가들은 눈이라고 하죠. 시선이 본인의 내면을 향하는 사람들을 작가라고 얘기하고 디자인 제품을 얘기할 때는 시선이 밖으로 향한다고 얘기를 하거든요. 근데 왜냐면 뭐건 디자인에서 생산하실 분들은 그거에 사용자나 이제 대중을 위해서 맞춰 줘야 하는 게 맞기 때문에 대중이 어떨지를 살펴봐야 하는데, 예술가라든지 자기의 것을 만들어 내는 사람들은 내가 그래서 사회에 어떤 얘기를 하고 싶은지 어쨌든 결과적으로 내가 무슨 얘기를 하고 싶은지에 대한 포커스가 맞춰져 있기 때문에 그게 사실은 장인이 갖는 어떤 디테일이나 본인의 그 작품의 특성 색깔로 나타나는 거거든요.

김 작가는 자신을 나무라는 소재를 통해 조형과 가구와 예술의 경계 분야에서 계속 작업하는 목공예가라고 소개한다. 실제로 김 작가의 작품을 바라보고 있으면 작가의 내면을 알 수 있다. 가구에 조형성과 예술성을 부여한 작품들의 특징은 자연과 그 속에서 삶의 성찰

| 테Ⅱ | 리브즈Ⅲ | 숨 |

을 느낄 수 있다. 대표적으로 나이테를 소재로 한 '테' 시리즈와 잎사귀를 소재로 한 '리브즈' 시리즈, 그리고 수관을 모티브로 한 '숨' 시리즈에서 작가의 생각을 엿볼 수 있다. 특히 '숨'은 모든 순간이 모여 각자의 인생의 선이 연결되고 결정되는 것을 보여 준다. 현재의 숨이 선을 만들어 가는 어떤 순간임을 자각하게 해 주고 현재에 집중할 수 있게 해 준다. 왜냐하면 '숨'은 과거나 미래가 아닌 현재에만 쉴 수 있기 때문에 사람들이 정신이 없을 때 "숨을 깊게 내뱉어 봐."라고 이야기하는 건 현재로 돌아오라는 의미라고 할 수 있다.

로즈앤오방 사람들

로즈앤오방 아뜰리에는 김 작가의 공방 이름이다. 공방 이름을 딴 인스타그램과 홈페이지도 운영 중이다. 김 작가는 초연결사회가 작가들에게 매우 중요한 역할을 했다고 말한다. 작품과 작업일지를 공유해 동일 관심사를 가진 사람들끼리 모이게 하고 피드백을 주어 항상 기폭제나 자극제가 되어 준다. 동시에 모두가 선생이 되도록 했다. 전시나 구매도 오프라인일지라도 결국 SNS를 통해 알려진다. 제일 좋았던 것은 SNS를 통해 함께 갈 동료를 만날 수 있다는 것이었다. 초연결사회는 작가들의 성장을 빠르게 하는 데 큰 몫을 한다. 또한 SNS는 후학을 연결시켜 준다. 실제로 공방 홈페이지를 통해 교육생을 모집하고 있다. 특이한 점은 1년 과정만 모집한다는 것이다. 원데이 클래스나 간단한 과정은 없다. 그 이유는 제대로 된 작품을 만들어 내려면 장기간의 시간이 필요하고, 그래야만 진정한 목공작가로 성장시킬 수 있기 때문이다. 비록 소수일지라도 그 제자가 성장하여 자신과 같이 걸어가기를 바란다. 그래서 그럴까? 공방 인스타그램에서 발견한 로즈앤오방 사람들의 작품은 높은 퀄리티를 자랑한다.

장인의 디테일: 자신의 결과물을 사랑할 수 있는 순수한 믿음

'장인' 하면 떠오르는 단어가 디테일이다. 이런 디테일은 일반 사람들에게 비효율적인 작업으로 보일 수도 있다. 선생으로서 장인이 제자를 보며 안타까워하는 부분이 바로 이것이다. 장인의 디테일은 비효율적으로 보여도 그 작업이 자신이 표현하는 어떤 가치와 연결되어 있다. 김수희 작가는 본인의 것이 좋다고 생각하는 어떤 순수한 믿음이 있어야 이것이 가능하다고 믿는다. 내 것이 최고라는 신념이라기보다는 자기의 아웃풋을 사랑할 수 있는 그런 어떤 순수한 믿음이 필요하다. 가치가 있다고 믿으려면 본인이 만드는 것에 대한 가치를 믿어야 하고 그것을 지속할 수 있는 다소 순진한 마음이 있어야 하는 것이다.

4. 장인의 시간:
김선영 도자기 인형 메이커

그때는 뭔가 초능력이 발휘되는 것 같은 그런 느낌이 좀 있었어요. 그때 제 몰입도가 최상이었던 것 같아요. 다른 생각이 아예 안 드는 점, 뭔가 도를 닦는 기분이라고 해야 하나……. 불러도 안 들리고 밥 먹으라고 해도 안 들렸어요. 잠을 한 시간만 자도 괜찮을 정도로 계속 그렇게 되더라고요.

곰 인형 옆에 있던 비스크 포슬린(도자기) 인형

따뜻한 가정에서 평범하게 자랐다는 김선영 작가는 어린 시절 미술을 좋아했으나, 부모님의 뜻에 따라 음악을 공부했다. 그러나 음악은 적성에 맞지 않았다. 악보를 보고 똑같이 따라 하는 게 재미가 없었다. 인생의 전환점은 고등학교를 졸업하고 유학을 준비하던 시절로 돌아간다. 당시 가장 친했던 친구의 사고는 모든 의욕을 상실시킬 만큼 큰 상처였다.

힘든 나날을 보내며 방황하던 김 작가는 무엇인가를 잊기 위해 무작정 곰 인형을 만들기 시작했다. 곰 인형을 만들면서 마음에 위안을 받던 중 비스크 포슬린 인형을 마주하게 됐다. 곰 인형 잡지 사진에는 곰 인형 옆에 항상 비스크 포슬린 인형이 같이 있었다. 항상 세트로 같이 나오는 사진이었는데 '저 인형은 뭘까?'라는 생각이 들기 시작했다. 애니메이션 〈그 비스크 돌은 사랑을 한다〉에 나오는 주인공 고죠 와카나가 장인이 만드는 히나 인형을 보고 매료되어 인형 장인을 꿈꿨듯이, 김 작가도 점점 비스크 포슬린 인형에 빠져들고 싶은 생각이 들었다.

> 너무 그냥 순탄하게 잘 자라던 사람이 그런 걸 겪으니까 되게 많이 힘들더라고요. 그래서 약간 방황을 하다가 취미로 곰 인형을 그냥 만들기 시작했어요. 곰 인형이 예쁘더라고요. 그래서 만들면서 조금 약간 치유가 되더라고요. 그러다가 곰 인형이랑 비스크 인형이 항상 같이 나오거든요. 이제 외국에서는 세트처럼 같이 다니는 그런 뭐 어디 잡지나 이런 데 세트로 저렇게 세트로 사진이 항상 이미지가 나와요. 네, 저렇게 많이 써요. 인형은 이 인형은 뭘까 하다가 이제 배우고 싶어서…… 저기 좀 빠지고 싶은 생각이 갑자기 들더라고요.

무작정 떠난 미국, 그리고 장인의 시간

포슬린 인형은 우리에게 다소 생소한 단어다. 비스크 포슬린 인형은 유리 안구를 가진 도자기 인형이다. 사람 피부와 유사한 느낌과 질감으로 19세기 서유럽 지역에서 귀족층과 부유층 여성들에게 많은 사랑을 받았다. 그와 함께 포슬린 인형을 만드는 장인의 수도 크게 늘었다. 그러나 대량생산의 등장과 함께 사람들에게 잊혀 갔다. 그러다가 미국의 인형수집가였던 밀드레드 실리가 그 가치를 이어받아 1977년 인형장인협회(Doll Artisan Guild)를 설립했고 19세기 포슬린 인형을 재현해 내는 장르인 '앤틱 리프로덕션'을 개척해 현재에 이르렀다.

김선영 작가는 미국 인형장인협회의 포슬린 인형 장인을 알게 되어 무작정 배우고자 미국으로 떠났다. 처음 뉴욕 맨해튼에서 배우기 시작했으나 김 작가의 실력을 알아본 선생님이 코네티컷에 있는 장인을 소개해 주었다. 미국에 무작정 떠나왔듯이 연고도 거주지도 없던 코네티컷으로 다시 무작정 떠났다. 김 작가는 지난날을 회고하면 항상 뜻을 갖고 찾아가면 반드시 길이 생겼다고 말한다.

코네티컷에서 보낸 시간은 장인의 시간이었다. 누구나 한 번쯤은 살면서 무엇인가에 집중할 때 시간을 의식하지 못하고 주변을 인식하지 못하는 망각의 시간을 경험해 보았을 것이다. 장인이 갖는 이 망각의 시간은 평균 1년 이상으로 길게 이어진다. 김선영 작가도 그랬다. 포슬린 인형을 만들고 배우는 과정에서 불러도 안 들리고 다른 생각은 전혀 들지 않고 잠을 1시간만 자고 작업해도 피곤하지 않았다. 그러한 장인의 시간을 거쳐 2003년 포슬린 인형 공예에 입문한 이후 인형장인협회(DAG)에서 2004년 Master of Dollmaking 자격을 취득했고, 2005년 Grand Master of Dollmaking, 2006년 Second Grand Master of Dollmaking, 2010년 Triple Crown of Dollmaking 자격을 획득하며 명실공히 장인으로 성장했다. 그리고 현재까지 국제인형장인협회 공식 instructor 및 국제 포슬린 인형대회 심사위원으로 활동하고 있다.

흙을 살아 있는 듯한 포슬린 인형으로

포슬린 인형의 제작과정은 매우 복잡하고 오랜 시간을 필요로 한다. 포슬린 슬립이라는 도자기를 빚는 잘 정제된 흙을 몰드에 부어 구워 내면서 포슬린 인형의 제작이 시작된다. 큰 공정만 해도 10개 공정으로 다양한 도구의 사용과 창의적 사고, 그리고 기다림의 시간이 필요하다. 인내, 집중, 창의적 사고의 긴 시간 끝에 가루였던 흙에서 하나의 포슬린 인형이 탄생한다.

Solange(프랑스 인형)   Triste'(프랑스 인형)   포슬린 인형 작품집

많은 이가 이 과정을 인내하지 못하지만, 김선영 작가는 이 모든 과정이 행복하다고 한다. 그렇게 탄생한 포슬린 인형은 자식과도 같다고 말한다. 김 작가의 작품은 평창 비엔나 인형박물관 포슬린 인형관에 상시 전시되어 있다.

포슬린 인형의 기쁨을 공유하고픈 마음, 그리고 편견들

김선영 작가 본인이 행복을 느꼈던 만큼 많은 사람이 같은 경험을 하면 너무 좋을 것 같다는 생각을 갖고 우리나라로 돌아왔다. 작업실을 열고 블로그를 통해 작품을 올리자 한 명씩, 한 명씩 찾아오기 시작했다. 그렇게 지금까지 500명이 넘는 제자가 김 작가를 거쳐 갔다. 그중 일부는 이제 동료로 성장하여 전시도 같이 하고 출품도 함께 한다. 작품집도 출판하는 작가의 길로 가고 있다. 김 작가는 가르치며 제일 행복한 순간을 자신이 느꼈던 것을 제자들이 똑같이 느낄 때라고 말한다.

> 근데 가르치는 것도 재미있더라고요. 좋아하는 걸, 그리고 이제 저 같은 기분을 느끼시니까 그게 너무 제가 행복하더라고요. 제가 행복했던 거를 배우는 사람도 똑같이 사실 그런 거를 좀 전파하고 싶었거든요. 직접 해 봐야 알아요, 이거는……. 성취감도 있고 짜릿함이 있고 사랑스러움도 있고…….

그러나 국내에서 포슬린 인형을 알리고자 하는 마음을 펼치기는 쉽지 않았다. 지금도 포슬린 인형, 특히 인형 자체에 대한 편견이 많이 존재하고 있었다.

> 안 그런 경우도 많아요. 인형은 우스운 거라고 생각하시는 분들이 한국에는 되게 많아요. 그래요, "인형은 인형이지."라면서요. 편견이 굉장히 많은데 저는 좀 안 듣는 편이어서 아니 싫어할 수도 있지 나도 뭔가 싫은 것도 있는데 그 사람도 이게 싫을 수도 있지…… 그렇게 넘어가요. 그냥 어른들이 살짝 살짝만 가지고 놀 수 있는 인형이어서 정말 관상용인데 거기에 돈 들인다는 것 자체가 한국에서는 특히나 이해를 못 하세요. 더구나 (미신적인 이유로) 인형도 싫어할뿐더러…….

그럼에도 불구하고, 사람이 몰리는 걸 바라는 건 아니다. 김선영 작가는 그냥 이런 문화가 있다는 것만 제대로 알리고 싶어 한다. 그동안은 포슬린 인형을 만드는 즐거움에 빠져 다른 사람들이 알아주고 홍보하는 것에 신경을 많이 못 썼다. 그렇지만 이제는 마지막 호흡이 있을 때까지 포슬린 인형을 만들 것이고 그것이 주는 기쁨을 다른 이들과 함께할 것이라 다짐했다.

5. 소결: 초연결사회, 그 장인이 탄생하는 토양

장인이 탄생하기까지, 그 과정은 험난한 길을 거친다. 우리가 만나 본 장인 중 쉽게 배우고 성장하여 장인의 경지에 오른 이는 없었다. 배움에 뜻을 두어도, 이루고 싶은 가치가 있어도, 장인에 이르기까지 눈앞에 펼쳐진 길은 안개가 자욱한 숲일 뿐이다. 그 배움의 길에서 친절한 안내와 가르침은 찾아보기 어려웠다. 그럼에도 장인은 아무것도 없는 길을 새로 만들며 지독하게 앞으로 나아간다.

이 장에서는 장인의 도구, 시선, 시간이라는 메타포로 젊은 장인들의 배움과 성장의 특성을 살펴보았다. 초연결사회로의 전환은 다음과 같이 이들 젊은 장인을 탄생시킨 토양으로 작용했다.

첫째, 초연결사회는 장인의 배움을 이전 세대보다는 수월하게 해주고 있다. 블로그, SNS, 유튜브와 같은 전 세계로 연결된 배움의 링크는 장인으로 하여금 새로운 배움과 통찰의 기회를 제공해 주었다. 구체적인 작업방법을 알려 주거나 문제를 해결할 수 있는 배움터가 되기도 한다.

둘째, 초연결사회가 되면서 숨겨져 있던 장인들의 작품을 숨어 있던 마니아들이 알게 되고 서로가 서로를 연결할 수 있는 기반이 마련되었다. 자연스럽게 세계 곳곳에서 장인들이 생산하고 마니아들이 소비하는 형식의 생산과 소비의 가능성이 열렸다. 서로의 연결과 피드백을 통해 장인은 자신이 세상에 던진 가치를 더욱 디테일하게 갈고 연마하여 더 큰 가치를 창출한다. 또한 장인의 일이 단순히 가치창출뿐만 아니라 생계의 수단이라는 측면에서 생산과 소비의 연결은 장인으로 하여금 안정적으로 더 앞으로 나아갈 수 있는 동력을 제공해 주었다.

셋째, 초연결사회는 장인이 자신의 배움을 나누는 통로 역할을 해 주었다. 장인은 스스로 힘들고 어렵게 배운 것을 인터넷을 통해 기꺼이 나누는 모습을 보여 주었다. 새롭게 배우고자 하는 후학을 연결하고 자신처럼 어렵지 않게 배울 수 있도록 베푸는 모습을 보여 주는 장인들이 늘어나고 있다.

『장인의 탄생』(장원섭, 2015)에서는 새로운 정보사회인 지금 효율보다는 의미를 중시하고, 대량생산보다는 개인의 취향이 중요시되면서 다시 장인의 시대가 올 것임을 이야기했다. 실제로 초연결사회는 독립메이커의 수를 폭발적으로 증가시켰다. 국내 핸드메이드 판매 플랫폼인 'I'사의 입점 작가 수는 2019년에 6천 명 수준에서 2022년 3만 명을 돌파했다(매일경제, 2022. 11. 24.). 양적 증가와 함께 널리 인정받는 장인들도 많이 탄생했다. 특히 이전 세대와는 다른 양상을 보여 주는 젊은 장인들이 속속 등장하기 시작했다.

물리학자 제프리 웨스트(Geoffrey West)는 도시 크기가 10배 증가하면 그 도시의 혁신도 17배 증가한다고 했다. 최근의 독립메이커 증가 현상은 앞으로도 많은 젊은 장인을 탄생시킬 것이다. 여기에 초연결성은 젊은 독립 메이커들에게 기회를 제공하는 토양으로 작용할 것이다. 여기서 간과하면 안 되는 것은 초연결사회가 장인성을 가진 사람에게 기회를 준다는 것이다.

제2장
오래된 장인들의 귀환:
세운상가 수리 장인*

1. 세운상가 수리 장인의 일의 세계

'세상의 모든 기운이 다 모이다.'라는 뜻을 지닌 세운상가는 1968년에 설립되었다. 그 당시 주거, 쇼핑, 오락 기능을 모두 갖춘 도심 생활을 대표하는 중심으로 주목받았다. 전자제품과 기계, 공구 및 부속 상가들이 밀집해 있었을 뿐만 아니라, 제품 제조와 개발·유통까지 유기적으로 연결되었다는 이점을 갖고 있었다. 그래서 초창기 세운상가는 거대한 제조 단지이자 기술 시장으로 높이 평가받았다. 밀집된 전자·전기 상점 덕분에 부품 수급이 용이하고 그것을 제작할 수 있는 고숙련 기술자들이 한군데 모여 있어, 한때는 '세운상가를 한 바퀴를 돌면 탱크와 미사일도 만든다'는 말이 있을 정도였다. 세운상가는 우리나라 산업화의 한 축을 이끌어 왔다는 높은 자부심을 품기에 충분했다. 그러다가 1980년대에 접어들어 용산 전자상가의 등장과 강남 개발에 초점을 맞춘 정부 정책으로 인해 세운상가의 위상은 내리막길을 걷게 됐다. 현재 세운상가에는 신념과 자부심을 가진 일부 기술자들만이 남아 일하고 있다.

세운상가가 다시 주목받기 시작한 것은 2016년 즈음이었다. 서울시는 세운상가 재생 사업에 착수했고, 그 일환으로 거기서 일하는 장인들에 주목했다. 이들은 오래되고 낡은 것이 아니라 전통적이고 기술력이 있다고 평가받았다. 새로운 아이디어를 가지고 기술을 배우고자 모인 젊은 세대들과 만나게 되면서 세운상가는 혁신의 중심지로 다시 한번 관심을 받게 되었다. 서울시는 각 분야 최고의 기술자들을 장인으로 명명하며 '다시·세운 프로젝트 마이스터 선정사업'을 추진하였다. 이들은 세운상가라는 공간에서 부흥기부터 쇠락기까지 동고동락하며 세운의 역사를 온몸으로 체험한 산증인들이었다.

이 장에서 소개하는 장인들은 서울시에서 마이스터로 선정한 16명 중 4명이다. 이들은 대체로 초창기부터 지금까지 세운상가를 떠나지 않고 의뢰받은 물품을 직접 제작하거나 수리하는 일을 한다. 기본적으로 40년 이상의 경력을 가지다 보니 장인의 명성을 듣고 찾아오는 이들이 주 고객이다. 이들이 하는 일 역시 다른 곳에서 맡기 힘들어하는 물건들이 돌고 돌아 장인의 손에 이르게 되는 경우가 많다. 이를 위해서는 동종 업계에서 인정받을 만큼의 기술력은 기본이다. 또한 이러한 기술력을 바탕으로 동료 기술자들과 공유하며 일을 배우고자 찾아오는 후학을 양성하는 등의 활발한 활동들을 겸하기도 한다.

2. 재미를 좇아 시작한 것이 평생 업이 되기까지: 류재룡 기계 제작 및 수리 장인

라디오로 시작한 소문난 '땜장이'

장인이 일하는 방에 들어서면, 어지럽게 놓여 있는 기계들과 쉽게 마주한다. 류재룡 장인은 하루 대부분의 시간을 이곳에서 일한다. 한쪽 벽을 가득 메운 특허증이 말해 주듯이 그는 이 분야에서 소문난 전문가다. 그럼에도 불구하고, 자신을 그저 '땜장이'라고 소개했다. 우리의 방문에 첼로 클래식과 ABBA, 이문세의 노래를 틀어 주려 LP판을 고르는 그는, 감성적 땜장이였다.

류재룡 장인은 세운상가 내에서도 못 고치는 게 없을 정도로 소문난 기술자지만, 정작 그의 전문 분야는 라디오다. 그의 라디오 사랑은 국민학교(지금의 초등학교) 5학년으로 거슬러 올라간다.

> 라디오가 좋은데 산골이니까 방송을 들으려고 동네 높은 곳에 전깃줄에
> 연결해서 레시바로 들었어요. 그때부터 워낙에 만드는 거 좋아했었죠.

라디오는 그 당시 제법 값이 나가는 물건이었다. 류 장인은 라디오를 직접 만들어 사용했다. 그러면서 주변에 제법 솜씨가 좋다고 입소문이 나면서 조금씩 용돈을 벌기도 했다. 그것이 그가 본격적으로 기계를 만지는 일을 업으로 시작하게 된 계기가 됐다. 그는 한결같이 "재미가 없으면 일을 안 한다."면서 돈을 좇으려고 이 일을 시작한 것은 아니라고 말했다.

> 용돈은 잘 들어오는데, 똑같은 걸 자꾸 하니까 재미가 없는 거예요…….
> 새로운 걸 계속해야 하는데……. 그래서 이 개발, 저 개발하는 데 푹 빠졌
> 어요.

재미, 그 몰두의 동력

소문난 류재룡 장인의 실력 때문에 여러 곳에서 많은 의뢰가 들어온다. 그가 일을 맡고 몰두하는 주된 동력은 바로 '재미'다.

> 특정 하나를 딱 하는 게 아니라, 재미있고 그러면 막 차고 들어앉아서 다 해 보는 편이에요.

그 덕분에 그는 국내 기계 산업계에 굵직굵직한 아이디어 상품들을 개발하는 데 큰 역할을 하기도 했다. 몇 년 전에는 대학 연구소에서도 그와 공동으로 작업해 보고 싶다고 의뢰가 들어와 위촉 연구원 직을 맡아 대학교수와 박사급 연구원들에게 기계에 대한 자문을 해 주기도 했다.

> 스크린 골프도 제가 개발해 줬어요. 나중에는 실내 말고 실외에서 동작하는 것도 개발해 주고…….

> 대덕연구단지 로봇 연구소에도 위촉으로도 갔어요. 그분들은 한 가지만 했지만, 나는 잡다하게 손 안 가는 데 없이 막 하니까. 얘기하고 토론하면서 문제를 해결해 주는 거죠. 나중에는 대우도 받고 그랬어요.

기계와의 외로운 싸움

류재룡 장인이 가장 힘든 시간은 외로이 혼자 기계와 싸울 때다. 늘 새로운 일에 도전하는 것을 좋아하다 보니, 다른 사람들이 시도

해 보지 않았던 일에서 막히거나 문제가 생기면 그것을 해결하는 것
도 오롯이 류 장인이 홀로 감내해야 하기 때문이다.

　일이 막혀서 끙끙댈 때가 가장 힘들어요.

이 때문에 그는 한동안 술과 담배를 달고 살았다고 한다. 그게 스
트레스를 혼자 조용히 풀 수 있는 유일한 방법이었다. 그러나 이제
는 일을 이어 가기 위해서라도 건강을 관리하고 있다.

　하루에 세 갑도 피고……. 그런데 나이를 먹으니까 아둔해지는 것 같고 해
　서 몇 년 전부터는 전혀 안 하고 관리하고 있어요.

3. 배움에 대한 의지와 뚜렷한 목표 설정: 김재수
　　히터 제작 및 수리 장인

우연히 접한 히터의 세계

일반인들에게 히터란 가정에서 난방을 하기 위한 기계다. 그러나 김재수 장인이 몸담은 산업용 히터의 세계는 그 분야와 업무가 무궁무진하다. 공장에서 과자를 포장하고, 플라스틱을 찍고, 반도체 라인에서 납을 녹이는 데까지, 전기로 만든 열을 필요로 하는 모든 곳에 히터가 쓰인다. 우연히 접하게 된 히터의 세계에서 자신만의 가게를 차리고 전문가로 인정받는 장인으로 김재수 장인을 성장시킨 힘은 스스로의 부단한 노력과 배움의 의지였다.

김재수 장인이 처음 히터를 만난 것은 우연이었다. 기계공고 출신인 그는 3학년 실습 때 친구의 소개로 청계천에서 기계를 접했고, 졸업 후 히터 회사에 입사하게 됐다. 그렇게 시작된 히터와의 인연을 35년 이상 이어 오고 있다. 처음에는 난방도 안 되는 매장에서 영업하고, 화물 발송하는 고된 일이 창피하게 느껴졌지만, 그게 돈벌이가 되겠구나 싶었던 것이다.

> 그러다 납품을 하러 갔는데, 사장님이 히터를 팔고 받은 명세표를 보니까 한 사람 봉급이 나오더라고요. 히터 하나에. 그걸 보니 잘 배워서 일하면 평가도 잘 받고 돈을 벌 수 있는 비전이 있겠구나 싶어 열심히 하게 됐죠.

'히터 박사'가 되기까지

젊어서부터 뚜렷하게 목표를 가진 김재수 장인은 그 목표를 위해 꾸준히 달려왔다.

저는 일기장에 꿈을 딱 적어 놓았어요. 몇 살에 결혼을 한다, 그다음에 어느 시기에 집을 장만한다, 그리고 사업을 한다. 간단하지만 이렇게 꿈을 적은 일기장을 아직도 버리지 않고 있어요.

히터 회사에 근무한 지 15년 정도가 된 1997년, IMF가 터졌다. 언젠가는 내 이름이 적힌 명함을 가진 사장이 되겠다는 꿈을 가지고 있던 김재수 장인은 이듬해 1월 초 자신만의 회사를 창업했다. 그는 회사에서 기술 업무 외에도 생산, 구매, 경리, 회계, 영업 업무를 모두 경험해 보았기 때문에 창업을 하는 데 큰 두려움이나 망설임이 없었다. 남들이 위기라고 하는 상황이 서른다섯 살의 젊은 기술자에게는 기회로 보였고 그는 즉시 행동으로 옮겼다.

고정적 거래처가 확보되지 않은 젊은 사장님은 어렵고 복잡한 의뢰를 맡기 일쑤였다. 군용 트럭 히터부터 자동차 히팅 시스템까지 다양한 의뢰가 들어왔다. 김재수 장인은 돈을 떠나 의뢰인이 원하는 것을 해결해 주기 위해 모든 방법을 동원했고, 대부분의 문제를 해결해 주었다.

주변에 비슷한 업종 가게가 많았죠. 본인들이 하기 싫은 것들, 어려운 것들, 머리 쓰기 싫은 힘든 의뢰가 들어오면 다들 저기 대우전자를 가 보라고 나한테 넘기는 거예요……. 제 별명이 히터 박사, 히터 고민 해결사였어요. 의뢰가 들어왔을 때 어떻게 해서든 다 해결을 해 주니까.

비싼 돈을 받지도 않았고, 지금 생각하면 너무나 고생스러웠던 경험이었다. 하지만, 김재수 장인은 새로운 문제를 해결한 경험을 가장 인상 깊게 기억하고 있다. 그렇게 '히터 박사'로 인정받는 게 바로 그가 일하는 보람이었다.

> 섬유공학과 박사를 준비하는 임신한 여성분이 찾아왔었어요. 온도에 따라 섬유가 변하는 걸 확인하는 실험을 해야 한다길래 히팅 시스템을 해 줬어요. 저는 열 쓰는 히터만 알고 살았는데 이건 쿨링, 냉동도 필요한 거예요. 중고 냉동기를 사서 냉동장치랑 히팅촉을 그 사람이 쓸 수 있게 만들어 줬더니 덕분에 과제를 마쳤다고 고맙다고 하더라고요.

> 제가 돈을 벌든 안 벌든 명함을 내밀 수 있다는 게 좋았죠. 이제는 제가 명함만 내밀면 사람들이 "아, 히터 박사." 하고 인정해 주니 그게 가장 큰 보람이에요.

계속된 배움과 나눔

김재수 장인은 히터 분야의 최고 전문가라는 자부심을 가지고 있지만 다른 분야 전문가의 목소리를 듣는 데에도 열려 있다. 그는 모르는 문제를 직면하면 이를 해결하기 위해 새로운 분야를 공부하고 적극적으로 의견을 구했다.

> 제 머리로 다 못 하는 걸 알고 있기 때문에 각 분야에 잘하는 사람들에게 해결해 달라고 의견을 물어요. 그리고 의견을 취합해서 하나로 만드는 거죠. 요새 얘기하는 융복합이에요.

더군다나, 기술자지만 회사를 키우기 위해서는 더욱 다양한 공부가 필요했다. 그래서 김재수 장인의 작업실에는 재무에서 마케팅까지 전공 서적들로 가득 차 있다.

> 기술은 제가 모시던 사장님한테 배웠지만 이론이 부족한 것 같아 평생교
> 육원에 가서 경영학 학위를 받았지요. 그러면서 통계학도 공부해 보고, 판
> 매 전략을 보려 마케팅도 공부해 보고……

그는 새로운 것을 배우는 것 외에도 자신이 오랜 세월 쌓은 노하
우를 나누는 데 아낌이 없었다.

> 저는 오픈 마인드로 제가 배운 걸 다 가르쳐 줬어요. 본인들이 직접 할 수
> 있게 해 주고, 그러다 보니 돈은 많이 못 벌었죠.

4. 작가의 아이디어를 작품으로 구현하다: 이정성 미디어 작품 제작 및 수리 장인

끝없는 배움의 길

어린 시절 이정성 장인은 진공관 라디오에 말 그대로 푹 빠졌다. 연결된 선 없이도 방송을 송출하는 라디오가 그저 신기했다. 라디오에 대한 관심은 그를 무작정 서울로 이끌었다. 어깨너머로 하나둘 기술을 익혔고, 학원 선생님을 따라 일본 서적을 보며 홀로 전자 분야를 공부하기도 했다.

> 그 후에 뭐가 되야겠다 이런 것도 없어요. 그냥 배워야겠다는 거지. 그래서 서울 사는 누님 집에 얹혀살며 영등포로 라디오 학원을 다니기 시작했어요.

군대에서 전역한 후에는 진공관 지식을 바탕으로 텔레비전 수리를 시작했다. 나름대로 기술을 인정받았지만, 텔레비전 기술이 IC, 트랜지스터를 거치며 빠르게 발전해 갔다. 이정성 장인은 변화하는 기술을 따라가기 위해 기계를 뜯어 보고 책을 찾아보는 등 지속해서 배움의 길을 넓혀 갔다.

> 이놈의 기술자라는 게 지금도 그렇고 앞으로도 그렇겠지만 기술자는 끝이 없어요. 다 배웠다는 게 없어요. 계속 자꾸 안 배우면 중간에 낙오자되고 도태된다 이거지……. 기술이 변할 때마다 꼭 위기에 닥친 것 마냥 그걸 내 걸로 만들지 않으면 어느 순간에 쓸모없는 기술자가 돼요. 지금도 마찬가지예요. 디지털 시대다 뭐다 하면 프로그램도 배우고, 컴퓨터도 배우고 다 해야 해요.

'백남준의 손'

이정성 장인은 '백남준의 손'이라는 별명으로 유명하다. 그는 지금도 故백남준 선생의 작품을 돌보고 있다. 백남준 선생이 타계한 이후에도 멀티미디어 작품을 보존하고 수리하며 해외 전시회에 이전 설치하는 등 그의 역할은 끝이 없다. 일반 미술품은 파손을 피해 운반하고 보존하면 되지만, 미디어 작품은 작가의 의도를 온전히 담아낼 수 있도록 설치하고 유지하는 것이 중요하다. 마치 며칠 전의 일처럼 백남준 선생과의 일화를 생생하게 풀어내는 그의 눈에서는 그리움과 고마움이 묻어났다.

백남준 선생은 독일 유학 시절 텔레비전 기술을 접하고 나서 그걸로 무언가 예술을 해 보고 싶었다고 한다. 이후 일본으로 넘어가 소니 기술자인 아베와 협업을 하다가 이정성 장인을 소개받아 직접 찾아왔다. 이 장인은 당시 전자전에서 530대짜리 TV wall을 만들었다. 이것이 두 사람의 인연의 시작이자 미디어아트 역사의 시초였다.

> 선생님이 제일 갈증을 느낀 게, 자신이 하고 싶은 걸 섬세하게 표현하는 데 있어서 한국말만큼 좋은 게 없다는 거예요. 한국어로 얘기하면 뜨겁다, 뜨듯하다, 미지근하다, 표현이 많은데 외국은 기면 기고 아니면 아니다 같은 표현밖에 없으니까요.

이정성 장인은 기계를 고치고 개발하는 일반 기술자들과 자신의 일을 다르다고 말한다. 예술작가에게 좋은 아이디어는 중요하지만, 그 아이디어를 실제로 구현해 내지 못한다면 소용이 없다. 엔지니어는 예술가가 구상한 아이디어를 전시회를 통해 작품으로 만들어 세상에 드러낼 수 있도록 뒷받침해 준다. 자신과 같이 예술과 기술을 융합한 길을 가고자 하는 지망생들에게 그가 예술가의 의도를 파악하는 덕목을 제일 우선적으로 강조하는 이유이기도 하다. 이 장인은 백남준 선생이 한 전시회에서 자신의 기술적 공로를 공개적으로 공표하며 인정한 그 순간을 절대 잊을 수 없다며 미소 지었다.

> 늘 작가와 대화를 해서 그 사람이 추구하는 게 뭔지, 의도가 무엇인지 아는 것이 기술보다 중요한 덕목이에요.

5. 공동체 속에서 살며 배우며: 주승문 게임기 및 화폐 교환기 개발 장인

'먹고 살기 위해서' 시작했으나

주승문 장인은 공고를 졸업하고 자연스럽게 청계천 인근의 전자상가에서 일을 시작했다. 전자컨트롤러 기술로 업계에 입문한 주 장인은 1990년대 게임기 관련 수요가 늘어나면서 게임기 제작과 판매로 방향을 잡게 되었다.

처음에는 그냥 했어요. 먹고 살기 위해서.

자신이 개발하고 생산한 제품들이 팔리며 수익이 나고 주변으로부터 인정을 받게 되었다. 그러면서 주승문 장인은 일하는 즐거움을 알기 시작했다. 그는 게임 산업의 흥망성쇠와 함께 굴곡을 겪으며 욕심을 내기보다는 일을 즐기면서 해야 한다고 거듭 이야기한다.

지금은 수익이나 이런 걸 떠나서, 일이 힘들 때도 많이 있지만 내 업이니 즐겁게 살아야 하잖아요. 그래서 그 마음으로 즐겁게 하는 거예요.

세운은 배움과 성장의 공간

세운상가의 기술자들은 대부분 선배 어깨너머로 일을 배우기 시작했다. 주승문 장인 역시 마찬가지였다. 처음에는 같이 일하면서 선배 기술자들로부터 많이 배웠지만, 그들이 가르쳐 주는 것에서 그치지 않았다. 일본에서 들어온 기술서적을 탐독하면서 끊임없이 새로운 배움을 추구했고 자신의 기술을 성장시켜 갔다. 인정받는 기술자가 된 후에도 배움은 끝이 없었다. 특히 홀로 사업체를 운영하지만, 같은 일을 하는 세운상가의 장인들과 생활하고 소통하는 과정에서 많은 것을 배웠다.

> 여기는 어깨너머로 서로 배우고 자문을 구하니까 빠르게 터득할 수 있어
> 요. 많은 사람을 접하면서 알게 되고, 거기서 정보를 얻고 또 의뢰를 받으
> 면서 많이 성장하게 되었어요. 모르는 의뢰가 들어왔어도 나 몰라라 하지
> 않고 여기저기 물어보면서 해결하는 과정에서 많이 도움이 되었죠.

　세운상가의 다른 장인들처럼 주승문 장인도 자신의 경력 대부분을 세운상가와 함께해 왔다. 그는 오랜 세월 자신의 분야에서 버티게 해 준 힘도 세운상가 상인들과의 교류에 있었다고 꼽았다. 세운상가 공동체는 주 장인이 기술적으로 숙련되는 데 있어서뿐만 아니라 심리적 안정과 유대감을 제공했다. 한마디로, 세운은 배움과 성장의 공간이었다.

> 뭐 상가라는 게 집단이 많잖아요. 그러니 같은 또래들끼리, 또 위아래끼
> 리 모여서 회식도 하고 같이 나눔도 하니까 그런 면에서 재미있게 지냈
> 죠⋯⋯. 일 끝나고 모여서 어떤 때는 각자 경험 얘기도 하고, 정보도 교환
> 하고. 서로 이해 안 되는 부분은 또 아는 분을 통해서 배우기도 하고.

6. 소결: 장인이 성장하는 세운 공간의 힘

　오래된 것을 '수리'하는 장인의 일은 그야말로 기본에 충실하다. 40년이 넘는 시간 동안 장인들은 초창기 배운 기술로 다양한 기계를

수리하며 오랜 세월 동안 자신의 자리를 지킬 수 있었다. 그러나 기술은 빠르게 발전해 갔고, 의뢰인들의 다양한 문제는 장인들을 매번 새로운 도전에 직면케 했다. 이때마다 장인들은 새로운 기계를 분해하고 조립하기도 했고, 전공 서적이나 외국 잡지를 찾아 읽기도 하면서 끊임없이 자신의 기술을 연마했다. 이처럼 변화를 적극적으로 마주하고자 하는 도전적이고 개방적인 자세는 장인이 성장할 수 있는 힘이 됐다. 땜장이로 시작해 라디오, 스크린 골프, 로봇까지 장인들은 자신의 기술을 바탕으로 새로운 것들을 만들어 내며 자신의 분야를 창의적으로 확장해 갔다. 클래식이 만든 장인들의 창조력은 오늘날 많은 사람이 세운을 찾게 하는 이유이고, 이들 장인의 자부심이다.

세운상가의 장인들은 새로운 문제와 끊임없이 싸우며 일을 배우고 성장해 왔다. 고독한 기술자들은 일을 배울 때에도, 실패와 성공을 거듭할 때에도, 일하는 지금도 대부분 홀로다. 장인은 외골수라는 표현처럼 세운의 장인들도 독립적으로 일하는 습성을 가지고 있다. 그러나 장인들은 혼자 외로이 문제를 해결하면서도 저녁이면 함께 모여 술잔을 기울이며 일과 삶의 희로애락을 공유했다. 동료들과 함께 어울리는 즐거움은 세월의 변화 속에서 장인들에게 큰 심리적 위안이 되었다. 그뿐만 아니라 동료들과 대화 속에서 정보를 교류하고 때로는 협업하는 과정을 통해 문제를 해결하며 배움을 확장했다. 이들은 같은 꿈을 가지고 모인 '세운상가'에서 느슨한 관계망을 형성하며 서로를 성장하게 하는 버팀목이 되어 주고 있었다. 이처럼 세운상가라는 공간이 주는 힘은 장인들을 오랜 시간 한곳에 모일 수 있도록 했다.

세운상가라는 이름으로 이들이 쌓아 온 세월과 노하우는 '장인'이라는 이름으로 외부의 인정을 받게 했다. 우리 사회는 고장 난 물건을 고치는 기술자를 '쟁이'로 생각하고 그들의 기술과 손재주에 크게 주목하지 않았다. 그러나 '장인'이라는 사회적 관심과 인정은 묵묵히 일해 온 이들이 자기 업(業)의 가치를 되새기고 자신의 기술과 경험을 사회적으로 나누게 하는 계기를 마련해 주었다.

#1. 장인적 학습은 연령대별 차이가 있을까: 장인적 학습

장인적 학습이란 자신의 분야에서 깊이 숙련하고 넓이를 확장하는 장인의 배움 과정으로, 자주적 성장 의지와 학습집념으로 성찰과 실천을 통해 통합적으로 깊이 있게 숙련하고, 다양하고 열린 배움의 관계망을 구성해 가며 일 영역을 확장하는 장인의 배움 과정으로 정의된다(장경진, 장원섭, 이호진, 2021).

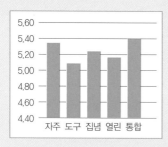

장인적 학습	평균	표준편차
자주적 학습	5.34	0.91
도구를 통한 학습	5.00	0.97
학습집념	5.24	0.92
열린 학습관계망	5.14	0.98
통합적 학습	5.39	0.93

2021년 연세대학교 장원섭 교수 연구팀이 실시한 일반 근로자 대상 설문조사 결과에 의하면, 응답자(n=1,574)의 장인적 학습 양상은 약간 긍정의 응답(7점 척도)을 보였으나, 전체적으로 도구를 통한 학습과 열린 학습관계망이 상대적으로 낮은 점수와 높은 편차를 보여 주었다. 이는 학습자들이 도구적 학습과 열린 학습관계망 학습능력이 다른 학습에 비해 상대적으로 떨어지는 것을 의미한다. 도구적 학습은 장인들에게서 나타나는 학습특성이기도 하다. 20대, 30대, 40대, 50대로 나누어 실시한 ANOVA 분석에서는 20~40대보다 50대에서 장인적 학습이 유의미하게 높게 나타났다. 세부적으로는 학습방법론이라 할 수 있는 도구를 통한 학습, 열린 학습관계망, 통합적 학습에서는 연령의 차이가 존재하지 않았으나 일의 가치 인식과 정서적 측면과 관련된 자주적 학습과 학습집념이 50대에서 높게 나타났다.

장인의 학습적 정의는 일을 통해 자신을 지속적으로 갱신하는 사람이다. 『장인의 탄생』에서는 장인적 학습을 지속 반복하여 자신을 갱신하는 데에 일의 의미성이 추동적 역할을 하는 것으로 질적 분석 결과를 보여 주었다. 이호진 등(2021)의 실증적 연구분석에서는 일의 의미성이 장인적 학습을 통계적으로 유의미하게 강화시키는 특성인 것으로 나타났다.

II. 혁신의 앙트레프레너

기업가의 장인성

제II부에서는 기업가의 장인성을 다룬다. 기업가는 무한 경쟁 체제 속에서 끊임없이 새로운 상품을 시장에 내놔야만 살아남을 수 있다. 그것이 기업가가 살아가는 방식이다. 제3장에서 소개하는 스타트업 기업가들은 말 그대로 혁신의 앙트레프레너(entrepreneur)다. 이들은 시대를 앞서가야 하는 숙명을 갖고 있다. 반면에 제4장에서는 전통 차 산업에 종사하는 기업가의 사례를 다룬다. 보향다원의 사례를 통해 가족기업에서의 창조적 계승의 이야기를 살펴본다.

제**3**장
스타트업 기업가,
혁신의 학습자*

1. 스타트업 기업가의 일의 세계

스티브 잡스(Steve Jobs), 빌 게이츠(Bill Gates), 일론 머스크(Elon Musk), 마크 저커버그(Mark Zuckerberg)와 같이 성공한 기업가들을 떠올려 보자. 기업가란 타고난 카리스마와 리더십, 번뜩이는 창의력을 가지고 시장을 주도해 나가는 특별한 존재처럼 느껴진다. 정말 기업가 기질을 타고나야만 기업가로 성공할 수 있을까?

기업가의 능력은 타고나는 것이라기보다는 배워 나가는 것으로 보는 것이 적절하다는 의견이 많아지고 있다. 처음 창업을 경험하는 기업가보다 두 번째, 세 번째 창업을 경험하는 기업가들이 성공할 확률이 더 높은데, 이는 이전 창업 경험을 통해 기업을 만들고 운영하는 데 필요한 지식과 기술을 배웠다는 증거다(Politis, 2005). 또한 기업가 역량은 사고방식뿐만 아니라 태도와 행동까지 포괄하고, 그 것은 학습을 통해 길러질 수 있다.

유능한 기업가들은 매우 뛰어난 학습자들이다. 그들은 모든 것으로부터 배운다. 그들은 고객으로부터, 공급자로부터, 그리고 특히 경쟁자들로부터 배운다. 그들은 부하직원들과 동료들로부터도 배운다. 그들은 다른 기업가들을 보면서도 배운다. 그들은 경험으로부터 배운다. 그들은 실천을 통해 배운다(learn by doing). 그들은 어떤 것들이 실현 가능한지, 그리고 더 중요하게는, 어떤 것들이 불가능한지 배운다(Smilor, 1997, p. 344: Pittaway & Cope, 2007에서 재인용).

천부적인 재능이 아니라 배움을 통해 갖춰질 수 있는 것이라면, 부단히 일하고 배워 나가는 장인적 특성을 가진 기업가가 존재해야 하지 않을까? 그렇다면 기업을 창업하고 운영하는 기업가로서의 일의 배움이란 무엇일까? 기업가들이 장인성을 함양하기 위해서는 무엇을, 어떻게 배워야 할까? 한마디로, 기업가의 장인성이란 어떤 것일까? 이러한 질문에 대한 답을 구하기 위해 우리 사회에서 주목받고 있는 스타트업 기업가 11명을 찾아갔다.

11명의 기업가는 우리나라 벤처에 획을 그은 1세대부터 이제 막 스타트업의 길에 들어선 청소년까지 다채롭다. 이들의 나이는 10대부터 60대까지로 창업과 기업경영 경력도 1년에서 40년까지 천차만별이다. 기업 규모와 업종도 다양하다. 각양각색의 이야기 속에서 우리가 보고자 한 것은 기업의 역사가 깊어지고 규모가 커지면서 기업가들이 마주하는 문제들과 이를 헤쳐 나가는 일과 배움의 과정이었다.

공희준 칠명 바이오 대표

공희준 대표는 고등학교 2학년에 재학 중인(2019년 기준) 학생이자 기업가로서, 우리가 인터뷰 한 기업가 중 가장 어린 축에 속한다. 공 대표는 어렸을 때부터 취미로 곤충을 길러 왔고, 더 저렴한 양질의 곤충 사료를 만들어 내기 위해 연구를 계속해 왔다. 연구 과정에서 독자적인 배합, 발효 기술을 개발하여 창업을 시작했다. 공 대표가 세운 칠명 바이오의 상품은 창업 초기부터 시장의 호응을 얻고 있다.

김영진 테솔로 대표

김영진 대표는 대학에서 전자정보공학과 의료IT공학을 공부한 후, 대학원에서 로보틱스를 전공하면서 사업 아이디어를 구상하고 테솔로(Tesollo)를 창업했다. 테솔로는 Technology(기술)와 Sole(유일한)의 합성어로, 일상에 존재하는 불편함을 해결하는 기술을 개발하는 것을 기업의 미션으로 삼고 있다. 기존의 빔 프로젝터에 참신한 기능을 추가한 '페나 포인터', 학습관리 스마트펜 '누보 로제타'는 시장에서 큰 인기를 끌고 있다.

나현우 곰도리다육 대표

나현우 대표는 어머니가 소일거리로 관상용 식물 매장을 운영하려던 것을 재미 삼아 돕게 되면서 사업의 길에 접어들었다. 국내에는 유통되지 않던 새로운 품종의 식물을 수입해 양질의 상품으로 가꾸어 내고 공급하면서 국내 마니아들에게 입소문이 퍼졌다. '하던 대로' 사업을 하면 편하겠지만, "물건의 종류가 한정이 되면 이 시장도 그대로 머물러 버리니까"라며 새로운 품종을 끊임없이 찾아내고 전 세계 농장을 직접 찾아다니고 있다.

박영민 록야 대표

박영민 대표는 농업자원경제학을 전공한 후 감자 관련 산업이 가진 한계를 발견하고 창업을 결심했다. 박 대표가 공동설립한 록야는 감자 전문기업으로서 종자 개발 및 판매, 농산물 유통, 컨설팅을 주요 사업으로 한다. 록야는 농산물 유통구조 선진화를 이끌고 ICT 예측 기술로 농산업계의 혁신을 주도하는 기업이다. 미래 농산업 발전을 위해 데이터 농업, 스마트팜(Smart Farm) 기술 개발을 주도하고 있다.

박혜린 이노마드 대표

박혜린 대표는 혁신적 방법으로 사회문제를 해결해 내는 수단으로서 창업에 관심을 가지게 되었다. 인도 배낭여행에서 전력 접근성 문제를 체감하고, 이를 해결하는 방법으로서 휴대용 수력발전기를 개발, 판매하는 기업 이노마드(ENomad)를 설립했다. 이노마드는 세계적인 친환경 아웃도어 의류 브랜드인 파타고니아(Patagonia)와 파트너십을 맺는 등 혁신적 기업으로서 전 세계적으로 주목을 받고 있다.

신웅철 맥파이테크 대표

신웅철 대표는 대학에서 공학을 전공하던 중 경영학 수업을 들으면서 "공대는 10의 −11승을 계산을 하는데, 경영학과 수업에서는 10의 9승부터 시작"하는 것에 매료되어 기업가로서의 꿈을 키웠다. 이에 대학에서 창업 동아리를 만들고 실제 창업을 했으며, 2015년에는 맥파이테크(MagpieTech)를 설립해 세계 최초로 양방향 레이저 거리측정기를 개발하며 판매하기 시작했다. 맥파이테크의 제품은 미국, 독일 등 전 세계적으로 수출되고 있다.

연현주 생활연구소 대표

연현주 대표는 IBM, 다음, 카카오 등 굴지의 IT 기업들에서 경력을 쌓았다. 가사생활 관련 서비스를 직접 사용하면서 얻은 통찰을 바탕으로 종합 홈 플랫폼 기업인 생활연구소를 설립했다. 가장 대표적인 서비스로는 청소 매니저와 고객을 연결해 주는 플랫폼 서비스 '청소연구소'가 있다. 청소연구소는 재이용률이 80%에 육박할 정도로 고객들의 호응을 얻고 있으며, 연 대표는 IT 업계에서 떠오르는 젊은 리더로서 각광받고 있다.

이경황 오파테크 대표

이경황 대표는 기계제어시스템공학을 전공하고 엔지니어로 일하던 중 기술을 통해 사람을 돕는 일을 해야겠다는 결심을 바탕으로 창업을 했다. 이 대표가 세운 기업 오파테크는 시각장애인 문맹률과 교육환경 개선을 위한 점자 교육기기 탭틸로(taptilo)를 개발하여 판매하고 있다. 기존의 점자 교육기기의 불편함을 혁신적으로 개선한 제품으로서 국내외의 시각장애인 및 교육기관으로부터 찬사를 받고 있다.

이수지 띵스플로우 대표

이수지 대표는 대학 수업에서 사업 아이템을 발굴하는 조별 과제를 수행하던 중 창업의 매력에 빠졌다. 연인과 결혼 관련 스마트폰 어플리케이션 커플리, 웨딩북을 개발 성공적으로 운영하던 중, '한 살이라도 더 젊을 때 더 도전적인 걸 하자.'라는 생각으로 새로운 회사인 띵스플로우(thingsflow)를 설립했다. 띵스플로우는 현재 인공지능 기반 사주, 타로, 상담 어플리케이션인 헬로우봇을 출시, 운영하여 젊은층의 인기를 끌고 있다.

이충엽 헤이비트 대표

이충엽 대표는 2007년 시작한 카카오랩(구 아이씨유)과 2012년 시작한 아이엠컴퍼니를 각각 성공적으로 매각한 후 세 번째 회사인 헤이비트를 운영하고 있는 '연쇄창업가'다. 특히 아이엠컴퍼니에서 제공한 모바일 알람장 및 교육콘텐츠를 제공하는 서비스 '아이엠스쿨'은 교사와 학부모에게 큰 호응을 얻었다. 2018년 설립한 헤이비트는 비트코인과 같은 디지털 자산 투자에 관련한 컨설팅을 제공하며, 빠른 추세로 성장하고 있다.

조현정 비트컴퓨터 회장

조현정 회장은 '대학생 벤처가 1호' '국내 최초 소프트웨어 회사' '테헤란밸리 1호' 등 수많은 타이틀을 가진, 대표적인 1세대 벤처기업인이다. 전자공학과에 재학하던 중 국내 최초의 의료보험청구 프로그램을 개발하면서 창업에 뛰어들었다. 굴지의 중견 기업가로서 벤처기업협회를 주도하고 장학재단을 설립하여 운영하는 등 벤처 생태계와 사회를 위한 공헌 활동을 계속하고 있다.

2. 불편함과 답답함 속에서 기회 찾기

기업가들은 어떤 이유로 창업을 결심할까? 11명의 기업가가 창업을 결심한 계기는 다양했다. 취미로 하던 활동이 창업으로 이어지기도 하고, 회사에 다니다가 기회를 발견하고 창업에 뛰어들기도 하며, '내가 하면 남들보다는 잘하겠다'는 마음으로 창업을 한 이도 있다. 이렇게 각기 다른 창업 이유 속에서도 공통적으로 드러나는 것은, 평소에 느끼던 불편함과 답답함을 사업 기회로 전환했다는 것이다.

곤충 키우는 걸 취미로 하던 공희준 대표는 적은 돈으로 양질의 곤충 사료를 구하고 싶다는 마음에 실험을 시작했다. 거듭된 실험 끝에 기존 제품들보다 우수한 사료를 만들어 내게 되면서 창업은 시작되었다.

> 곤충을 중학교 1학년 때부터 같은 반 친구의 권유로 키우기 시작해서 계속 키우고 있었는데, 그 키우는 과정에서 곤충이 번식하고 또 점점 늘어나는 과정에서 기존의 생물을 키우는 걸 워낙에 굉장히 좋아하고 있었기 때문에 이제 하나하나 종을 늘려 가고 개체수를 늘려 가는 재미를 붙이고 있었어요……. 그 당시 중학교 용돈이 한 5만 원 내외밖에 안 되는데 그 돈으로는 그 키우고 있던 많은 곤충의 먹이를 먹이조차 조달할 수 없는 상황이 돼서 어떻게 하면 어떻게 하면 이 문제를 해결할 수 있을까 고민했고…… 곤충 사료를 직접 만드는 걸로 원가를 절감해서 같은 5만 원이라도 이 돈은 다 쓰더라도 어느 정도 더 많고 좋은 사료를 어떻게 확보할 수 있을까 하다가 개발하게 되었습니다.
>
> —공희준

IBM, 카카오 등 주목받는 기업에서 착실히 경력을 쌓고 있던 연현주 대표는 워킹맘으로 살아가면서 자신이 겪어야 하는 불편함에 주목했다. 가사보조 서비스를 구하던 연 대표는 기존의 서비스가 소비자와 공급자 모두에게 효율적이지 못하다는 문제의식을 가지고 사업 아이템을 개발하기 시작했다.

> 제가 사실 직장생활을 18년 그렇게 하면서 제일 어려웠던 게 아이를 셋을

낳고 키우면서 직장생활을 한 거죠. 그런데 출산도 힘들지만 육아가 되게 힘들고 그거와 병행해서 일을 하는 게 다 워킹맘들인 걸 아실 텐데…… 너무 힘든데 저는 그냥 어떻게 꾸역꾸역 했거든요. 근데 그 과정에서 회사가 뭐 나한테 나쁘다 그런 생각은 안 해 봤는데…… 제가 그냥 느낀 거는 그 도우미 구하는 게 너무 힘들었던 거예요. 그냥 뭐 아이 키우는 것도 어려운 걸 알고 있고, 회사일을 병행하면서 남자들하고 똑같이 경쟁하고 이런 것들도 어떤 어려움이 없었어요. 그건 알고 있는 거잖아요. 그건 어려운 게 없는데 도우미 구하는 게 이렇게 어렵단 걸 처음 안 거예요. 그래서 이모님 구하는 게 이렇게 어려운 걸 몰랐는데, 아니 이게 무슨 4차 산업혁명이 무슨 웬 말이야? 도우미를 구하는데, 전근대적으로 카드 결제도 안 되지. 전화를 어디에 해야 할지도 모르겠는 거예요. 전화를 했는데도 진짜, 이상한 아주머니가 말도 안 되는 말이나 하고 있고. 맨날 똑같은 말이나 하고 있고. 맨날 싸워야 하고. 그래서 이거는 진짜 개선이 필요하다.

−연현주

록야 박영민 대표와 떵스플로우 이수지 대표는 창업 자체에 관심을 가지고 사업 아이디어를 발전시킨 사례다. 박 대표는 농업생명과학 전공지식을 바탕으로 씨감자 기술 이전에 관한 일을 하면서, 감자 관련 산업의 현황을 자세히 알게 되었다. 그의 사업 아이디어는 기존 기업들의 단점에 답답함을 여겼던 것으로부터 출발했다. 이 대표 또한 운세 서비스가 만족스럽지 못했던 경험을 바탕으로 자신의 아이디어를 발전시켜 나갔다.

국내에서 씨감자 기술 이전에 대한 것을 우즈베키스탄이랑 하는 사업이 있어서 지원해서 거기에 가게 되었어요. 그리고 제가 어딘가에 소속되어

서 가는데 거기가 좀 잘 안 됐고, 그리고 그 친구가 몸담았던 신품종 개발
회사가 망했고. 그러면서 이제 인터넷 전화기로 계속 전화를 주고받으면
서 왜 이 사람들이 망하고 안 됐을까에 대한 논의를 하다가 우리가 직접
해 볼까 했던 거죠.

−박영민

같이 창업한 동기 언니랑 사주랑 타로를 재미로 본 적이 있었는데, 그때 이
제 되게 재밌게 봐 가지고. 그런데 온라인에 그 사주 운세 서비스가 진짜
뭐 10년 전에 생년월일 넣고 보고서처럼 나오던 거에서 발전된 게 없고, 괜
찮은 서비스가 없는 것 같아 우리가 한번 해 볼까 하고 있었거든요.

−이수지

　기업가들이 평소에 느끼던 불편함과 답답함 속에서 기회를 발견
하는 공통점이 있지만, 그 발견의 과정은 일반인들과 차이가 존재한
다. 그것은 기업가들의 시선이 자기 자신보다는 그것을 바라보는 사
용자를 향하고 있다는 점이다. 연현주 대표가 K사 이모티콘 업무를
담당하고 있었던 시절에 겪은 일화는 이런 모습을 잘 보여 준다. 연
대표는 어느 날 이모티콘 최대 구매자가 누구인지를 보고 놀란 적이
있었다. 바로 자기 자신이었기 때문이다. 자신은 최고 관리자라서
굳이 구매할 필요가 없었다. 하지만 사용자가 불편은 없는지 알고
싶어서 다양한 환경에서 사다 보니 최대 구매자가 된 것이었다. 이
일화는 기업가들이 단순히 불편함과 답답함이 아니라 사용자 입장
에서 실제로 경험해 보면서 기회를 체득하는 모습을 보여 준다. 이
는 대부분의 기업가에게 나타나는 특징이었다.

3. 쉼 없이 생각하는 손과 수고하는 머리

기업가들은 치열한 고민을 통해 얻은 상품 아이디어를 바탕으로 창업을 시작한다. 그러나 상품에 대한 아이디어가 구체화되었다고 해서 상품이 바로 개발되는 것은 아니다. 예를 들어, 테솔로 김영진 대표는 대학원 연구실에서 사업 아이디어를 얻어 창업을 결심했다. 그러나 실제로 창업을 시작하면서 연구실에서 모형을 만드는 것과 판매를 위한 상품을 생산하는 것은 전혀 다르다는 것을 깨달았다.

> 상품을 배우는 과정은 창업하러 나와서 알았어요. 왜냐면 당시 연구실에서 만들었던 기술만 가지고 만들면 처음 시작할 때 제품을 2주만에 만드는 줄 알았어요. 그래서 시작했어요. 사실, 뭔가 오래 걸릴 거라고 생각하지 않았거든요. 뭐 2~3주 만들어서 팔면 부자다. (웃음) 이런 느낌으로 처음에 갔어요. ……(중략)…… 이렇게 생각했다가 처음에 이제 막 생소한 사람들을 만나는 거죠. 부품 조달, 공급 업체, 설계 업체, 양산 금형 업체들을 만나다 보면 1개를 만들면 가격이 상당히 올라가고 가격을 낮추려면 많이 만들어야 한다는 걸 알게 되고……. 그런 걸 대략적으로 생각은 있었지만 실제로 부딪혀 본 적은 없죠. 얼마나 차이나는지도. 그런데 이제 그런 과정에서 저희가 제일, 한 1년 걸려서 '이제 다 만들고 양산하면 돼.' 이렇게 생각했었는데 부품업체를 나중에 만나니까 부품 조달이 안 된대요. 끊겼대요. 이제 이건 한물간 거여서 지금 막 인터넷에서 하는 건 다 중국에서 가져오는 것들이라고 정식 공급이 안 된다고. 그럼 이제 저희 쪽에서는 '아 큰일났다.'라는 생각이 들었죠. PCB(인쇄 회로 기판) 다 만들고 인증 다 들어가고 "우리 이제 이거만 똑같이 만들어 주세요." 하면 될 줄 알

있는데 그렇게 안 된 거죠.

−김영진

테솔로 김영진 대표의 동료가 제품을 개발하는 모습

수시로 변하는 시장 속에서 기업가들은 아이디어를 더 빨리 준비하고 시장에 내놓는 과정이 필요하다는 것을 깨달았다. 그러나 시장에 제품을 서둘러 출시한다는 것이 조잡한 상품을 여러 가지로 만들어 수익을 낸다는 말은 아니다. 이들은 개발한 상품을 제조하는 과정, 시장에 소개하는 과정, 소비자와 소통하는 과정을 통해 끊임없이 성찰하고 상품을 개선했다. 기업가들은 상품을 내놓고, 성찰하고, 다시 상품을 보완하여 시장에 소개하는 과정을 쉼 없이 반복했다. 띵스플로우 이수지 대표가 챗봇 기술을 활용한 운세 애플리케이션인 라마마를 만드는 과정도 그랬다. 이 대표는 어플리케이션을 완성하기도 전에 페이스북 페이지를 통해 무료로 운세 챗봇 서비스를 제공하면서 이용자의 반응을 살폈다. 페이스북 페이지에서 처음 운영한 것은 운세 서비스였지만, 많은 소비자가 연애 상담을 원한다는 것을 알게 된 후 연애 상담을 위한 챗봇도 도입했다.

라마마 페이스북 페이지를 만들었으니까 이걸 알려야겠다 했는데, 이걸 알릴 방법이 없으니까……. 광고비를 만 원 정도 써서 그 페이스북에 광고를 해야겠다 해 가지고 만 원을 쓰고, 그러고 나서 100명 정도가 들어오더라고요. 1명 들어오는데 한 백 원 정도 드는구나. 그리고 어떻게 쓰는지 살펴보고 그랬는데, 매주 한 번씩 회의를 했거든요. 그래서 하루 만 원을 쓰고 그다음 주 월요일에 이제 봤는데 그게 한 600명 정도로 늘어나 있는 거예요. 뭐야 왜 600명이? 왜 100명이었는데 600명이 됐지? 그래서 "어디서 왔니? 어떻게 왔니?" 물어봤어요. 그랬더니 무슨 어디 커뮤니티에서 보고 왔대요. ……(중략)…… 맨 처음에 그 라마마 전에 오늘의 운세나 운세가 더 자주 쓰일 것 같아서 운세 챗봇이라는 매일의 운세를 알려 주는 챗봇을 먼저 만들었는데, 그 챗봇에 와서 사람들이 연애 상담을 해 달라고 해 가지고, 연애 운을 봐 주는 연애 챗봇을 따로 만들었던 거거든요.

−이수지

페이스북 페이지가 여러 온라인 커뮤니티를 통해 알려지면서 운세 서비스를 실제 수익을 창출하는 서비스로 전환하는 과정이 필요했다. 그러나 페이스북 페이지라는 플랫폼으로는 사용자가 서비스에 대해 비용을 지불할 수 있는 시스템을 당장 도입하는 것은 불가능했다. 결제를 연동하는 서비스를 개발하려면 한 달 남짓의 시간이 필요했기 때문이다. 한 달이라는 시간이 매우 긴 시간은 아니지만, 이 대표는 '지금, 당장'할 수 있는 일에도 집중했다. 결국, 이 대표는 팀원들과 결제 연동 서비스를 개발하면서, 동시에 당장 이용자가 비용을 지불할 수 있는 방법을 생각해 냈다.

페이스북 메신저 자체가 결제를 연동할 수 있는 플랫폼은 아니어 가지고.

……(중략)…… 처음에 생각했을 때는 팀원이랑, 뭐 배달의민족 결제할 때 나오는 웹 결제창처럼 그런 당월 결제나 그 결제를 연동해야만 사람들한 테 돈을 받을 수 있지 않을까 (생각했는데)…… 그거는 이제 막 또 절차가 있고, 한 달 정도 걸리고. '당장 할 수 있는 거 없나? 그러면 계좌이체로 부 칠까?' '그런데 계좌이체 법인명 있잖아. 그러면 이상할 수 있잖아. 라마마 나오고 기업전용 계좌에 입금하라고 하는 거는…….' '그거는 어떻게 말을 잘, 썰을 잘 풀어서 한번 해 보자. 당연히 많이 결제하지는 않겠지만……. 그래도 해 보면 또 몰라.' 이러면서. 그날 당장 부쳤거든요. ……(중략)…… 이제 대화 끝나고 마지막에 "(운세) 잘 봤니? 우리 것 어땠어? 복채를 줄 래?" 이렇게 물어보고 "응." 이러면 기업은행 뭐 해서 줘요. 법인 통장 계 좌 번호를 이렇게 알려 주면서 "회사 이름이 띵스플로우니까 마음 가는 대로 흘러가는 대로 입금해 줘." 이렇게 붙여 놨었거든요. 그 당시에 일주 일 동안에 한 1,000명 정도가 입금을 했고요. (1인당) 2백 원도 있고 3만 원도 있고.

−이수지

띵스플로우의 타로챗봇 라마마 페이스북 페이지

이용자들을 통해 수집한 데이터와 수입을 기반으로 풍부한 콘텐츠를 개발하는 것이 가능해졌다. 이 대표는 초기 서비스에서 얻은 수입을 투자하여 콘텐츠를 전문적으로 개발하는 에디터를 채용하고, 이용자들의 피드백을 바탕으로 이용자들이 원하는 서비스와 콘텐츠를 개발했다. 콘텐츠를 개발하고 이용자에게 소개하는 작업은 일주일 간격으로 이루어졌다.

> 그 자금으로 이런 타로 콘텐츠든 상담 진단 콘텐츠 만드는 에디터 분들도 채용하고, 그리고 개발자 분들도 더 채용을 해 가지고 앱을 출시하고 운영하고 매주 새로운 사람들이 원하는 콘텐츠들 스킬이라는 이름으로 뭐……이별한 사람들의 연애운을 봐 줬으면 그 사람들이 와서 이 사람이 다시 만날 수 있는지 알려 달라고. 그러면 이제 다시 만날 수 있을까를 보는 새로운 콘텐츠를 오픈하는 식으로. 사람들이 만들어 달라고 요청하는 것들 중에서 요청이 많은 순으로 스킬들을 만들고, 그래서 이제 매주 새로운 콘텐츠 업데이트 하는 거랑 그동안 쌓인 사용자들 대화 데이터로 이제 말을 좀 알아들을 수 있게 머신 러닝을 적용을 해 가지고…….
>
> ─이수지

이와 같이 기업가들은 아이디어를 상품으로 만들어 내고 시장에 소개하는 과정을 쉼 없이 반복하면서 소비자들이 원하는 상품을 만들어 내는 과정에 대해 배워 나갔다. 상품을 만들고 판매하고 개선하는 과정은 항상 순조로운 것만은 아니었다. 곰도리다육의 나현우 대표는 이러한 과정이 고단하고 실패도 많지만, 상품을 완성도 있게 만들어 내는 과정은 실천 없이는 배울 수 없기에 부딪혀 보는 수밖에 없다고 말했다.

> 가르쳐 주는 사람이 아무도 없어요. 그냥 정말 몸으로 부딪혀서 해 보는
> 거고. 그게 너무 불명확하기 때문에 그냥 해 보는 거죠 뭐. 조그맣게. 진짜
> 이렇게도 해 보고 저렇게도 해 봐서, 뭐.
>
> —나현우

  상품을 개발하고 개선하는 과정이 기업가들이 학습하는 과정이라면, 이 과정에서 기업가들은 무엇을 배울까? 이 질문에 대한 답은 칠명바이오 공희준 대표로부터 찾아볼 수 있었다. 기업가들은 상품의 개발과 제조, 판매의 무수한 반복 속에서 기업가로서 자신의 선택과 행동에 대한 결과를 어느 정도 예측할 수 있게 된다는 것이다.

> 일단 곤충 산업 자체가 베이스가 많이 부족한 상황이라서 최대한 넓은 방
> 법으로 기초 작업부터 해야 한다고 생각을 하고, 기록 기록 기록. 그리고
> 또 이제 실전에서 뭔가 감각 같은 게 어느 정도 필요하다고. 곤충 사료에
> 들어간 영양소의 배합을 봤을 때…… 그러니까 A랑 B를 해 봤을 때 어느
> 정도 C를 예측할 수 있는 게 필요한 것 같아요. 그런 센스 정도. 그런 걸
> 많이 해 보면 되는 것 같아요. 많이 해 보면 그 결과값을 예측해 볼 수 있
> 는 것 같아요. 워낙 많이 해 봤기 때문에…… 진짜 하면 느는 것 같아요.
>
> —공희준

  이처럼 기업가들이 상품을 만들어 내는 일의 과정은 쉼 없이 '생각하는 손과 수고하는 머리'로 특징지어질 수 있다(장원섭, 2015). 생각을 바로 손을 통해 구현해 내고, 생산된 상품을 중심으로 제조자, 판매자, 소비자와 소통하며, 이들의 의견을 바탕으로 성찰하고 다시 생산해 내는 과정인 것이다. 이러한 과정에서 기업가들은 깊은 몰입

을 경험하고, 다른 이들이 생각하지 못한 새로운 상품을 창조하며, 이 경험을 통해 기업가로서의 일에 필요한 숙련을 쌓아 나간다.

4. 끊임없이 공유하기, 설득하기, 포섭하기

기업가들이 상품을 구현해 내고 발전시키는 일은 혼자서는 불가 능하다. 상품의 가능성을 믿고 초기 자금을 지원해 줄 투자자, 품질 좋은 제품으로 만들어 줄 생산자와 제조자, 상품을 구입해 줄 소비 자가 없으면, 기업가의 아이디어는 하나의 시제품에 불과하다. 아이 디어가 뛰어나다고 해서 함께 일할 동료, 투자자, 생산자, 소비자가 저절로 모이는 것 또한 아니다. 기업가들은 자신의 아이디어와 제품 을 끊임없이 소개하고, 제품에 대한 신념을 공유하며, 다른 사람들 로 하여금 이러한 생각을 긍정적으로 받아들이도록 설득하고, 자신 의 사업 영역으로 포섭하는 힘든 과정을 거쳤다.

곰도리다육 나현우 대표는 국내 다육식물시장에서 다루는 품종 이 다양하지 못하다는 문제의식을 바탕으로 다양하고 질 좋은 다육 식물을 직접 수입해서 유통하겠다는 포부를 가지고 사업에 임했다. 그러나 아직 우리나라에서 시장이 충분히 형성되지 않은 상황에서 다육식물 공급자를 찾는 건 매우 어려운 일이었다. 나 대표는 네덜 란드, 남아공 등 전 세계를 직접 돌아다니며 자신의 사업을 소개하 고 납품을 요청하는 활동을 무수히 반복했다. 일을 시작하면서 계 약을 성사시킬 것으로 기대했던 농장과는 잘 연락이 닿지 않을 때도 있었지만, 그들의 소개와 소개를 거쳐 새로운 납품처를 찾아내기도 했다.

처음에는 무작정 농장 주소를 들고 찾아갔고요. 인터넷에 막 검색을 해서 정말 네덜란드 저 시골에 있는 농장을 연락도 없이 찾아가서 그때 처음 했던 게 첫 수입이었고. 그다음부터는 어떻게 저렇게 알음알음 알아보다 보면 농장과 연결되어 있는 사람이 뜨고 그 사람한테 컨택해서 일을 시작하는 거죠. ……(중략)…… 남아공 같은 경우도 이번에 뭐 몇 군데 업체를 알아보고 갔는데 이 업체들이 한 군데는 주소가 잘못되어 있고 한 군데는 아예 아시안을 상대 안 한다고 하고……. 이러는 와중에 생각지도 못했던 업체를 가르쳐 줘서 거기랑 일을 시작하게 된 거죠. 그러니까 예상했던 대로 계산한 대로 흘러간 적이 거의 없더라고요.

—나현우

감자전문기업 록야의 박영민 대표는 처음 사업을 시작하면서 제품을 납품할 곳을 찾는 데 막대한 노력을 기울여야 했다. 이러한 과정에서 납품처의 담당자와 이야기를 나눌 기회조차 얻지 못하는 경우도 많았다.

첫 단계로 뭐 할까라고 시작(試作)을 드리러 갔을 때 저희가 돈이 없잖아요. 그러면 어디 가서 할 수 있을까 해서 가공용 칩 시장이 들어오더라고요. 3사로 대변되는. ○○○은 잘 살아 있었기 때문에 들어갈 수가 없고. ○○나 ○○에 문을 두드리고 무작정 찾아갔어요. 우리가 이런 종자 개발이나 이런 기반은 있으니 너희들이 쓰는 그 특정 종자에 대한 공급을 해볼 수 없겠냐. 그리고 뭐 일반 유통에서는 뭐 다 가면 약속해 놓고 없기도 하고. 네, 뭐 문전박대 당하기도 하고 그거밖에 없었어요. 저희가 뭘 하겠다는 계획을 가지고.

—박영민

감자 생산 농가를 설득하여 자신이 개발한 종자를 생산하게 하는 것 또한 문제였다. 박 대표는 시행착오를 거쳐 농가들을 설득하고, 자신의 생산자로서 포섭하며, 오랜 기간 꾸준한 방문과 소통을 통해 탄탄한 생산망을 확보했다.

> 구축하는 데 5년 걸렸어요. 영업망 열리고 확대하고 그것까지 다. 지역마다 농민들 성향이 다 다르시고 사람이 다 다르니까. 그때그때마다 엄청난 시행착오를 다 거치면서. ……(중략)…… (매년) 5월부터 9월은 아예 산지에 나가서 안 들어오거든요. 장마 때 빼고. 그러니까 밭에 아예 나가 있는 거예요. 거기서 자고 먹고 밭에 나가고. 전라도 경상도부터 해서 강원도까지 올라가서 다. 현장에서 다 봐야죠. 서비스, 수확하는 것 다 도와드리고. 현장에서 다 하고. ……(중략)…… 1년에 한 7만키로 타거든요? 이제는 팀원들 들어와서 5만키로 정도로 낮아졌는데…….
>
> —박영민

박 대표는 감자 농가를 직접 찾아다니며 생산자를 모집, 관리한다.

기업가들은 계속된 실패를 마주하면서도 끝까지 자신의 상품을 긍정적으로 받아들이는 사람들을 찾아 나섰다. 열정을 가지고 시작한 사업이지만, 수십 명, 수백 명에게 똑같은 사업계획을 설명하고, 그중 대부분에게서 거절을 당하는 건 쉽지 않은 일이다. 기업가들은 자신의 사업과 제품을 알리는 과정이 길어지면서 지치고 소모되는 느낌을 받았다. 생활연구소의 연현주 대표 또한 그러한 경험을 했다. 그럼에도 불구하고, 연 대표는 진심을 담아 한 명 한 명을 설득하고 포섭하는 과정이 매우 중요함을 강조한다. 반복적인 과정에서도 새로이 배울 것들이 있다고 말했다.

> 만약에 제가 그 강사를 데려와야 되는데 뭐 그냥 뻣뻣이 앉아서 "강사님 이리 와 봐. 여기 앉아 봐. 얼마 줄게, 올래?" 이러면 오겠어요? "이 회사는 어떤 회사고 내가 여기서 얼마나 재밌게 일할 수 있을까? 어떤 기회를 줄 수 있을까. 이렇게 커질 거고 이렇게. 나는 그런 사람이 아니고, 정말 우리 교육을 중요하게 생각하고……." 엄청 얘기해 주면 그분들이 저한테 설득이 되고 '내가 이렇게 몇 년을 같이 일할 좋은 회사겠구나.' 이런 생각이 들게끔 그게. 제가 봤을 때는 돈을 끌어오는 것도 다 거기서 오는 거고. 투자자한테 어필하는 거고. 직원 HR, 제휴, 마케팅 모든 게 다 거기서 시작되는 것 같아요.
>
> ─연현주

옛날에 제 사수 중에 존경하는 분이 있어요. 제가 그분 스탭을 할 때, 그분이 막 돌아다니면서 얘기하는데 똑같은 얘기를 진짜 많이 하는 거예요. 그래서 "똑같은 얘기를 여러 번 하는 거 힘들지 않으세요?" 그랬더니 "원래 리더는 똑같은 얘기를 천 번을 한다. 그래도 다른 생각을 한다." 이런 얘기를 한 적이 있어요. 그런데 제가 지금도 기억나요. 24세 때 그 말을 들었는데. 제가 그때부터는 똑같은 얘기를 하는 것을 즐겁다고 생각하지 않고 당연하다고 생각하는 거죠. 지금도 이 얘기를 얼마나 많이 했겠어요. 하하. 처음 하는 것처럼. 그런데 저는 지겹지 않아요. 저는. 너무 재밌고 또 이렇게 다 들어 주시는 분이 다른 목적과 다른 생각으로 들어 주시고, 그리고 또 할 때마다 또 새로워요. 제가. 생각도 많이 하게 되고.

—연현주

맥파이테크의 신웅철 대표 또한 부정적인 의견과 비판에 대해 성찰하며 비판하는 이들까지 자신의 영역으로 포섭하도록 꾸준히 인내심을 가지고 설득하는 것이 중요하다고 말한다.

저희 가치는 뭐였냐면 사람들이 사용할 수 있는 제품이 아니라 팔았을 때 사람들이 우리 걸 사면 부가가치를 창출할 수 있는 제품을 팔자. 그냥 제품이 아니라 삶에서 당신이 부가가치를 만들 수 있어 어떤 식으로든. 좀 더 디테일하게 들어가면 사람이 좀 중심이었으면 좋겠어. 그러니까 왜 기계한테 사람이 맞춰야 돼? 줄자도 줄자 재는 방식에 사람이 맞춰서 시작점에 가야 하는 거고 단방향 레이저도 결국엔 시작점으로 가야 하거든요. ……(중략)…… 사람이 중심이 되어서 사람이 움직이지 않았으면 좋겠어. 길이를 잴 때 이러한 디테일한 가치가 있었어요. 그런데 그걸 제시하기 위해서 이 제품도 나온 거고 그렇게 계속 모든 제품이 다 그렇게 갔는데, 이 사람들은 그 가치를 받아들이기가 되게 어려워요. "이렇게(왼쪽으로) 한 번 재고 이렇게(오른쪽으로) 한 번 재면 되지, 굳이 양방향이 왜 필요해?" 이런 분들도 계시고요. 사실, 그 얘기 엄청 많이 들었어요. ……(중략)…… 그거를 지속적으로 설득할 수 있는지에 대한 준비가 되어야 하는 것 같아요.

—신웅철

기업가들은 자신의 아이디어가 가진 가치를 인정해 주는 이들을 만난 것을 행운이라고 말한다. 그러나 행운은 무수히 많은 문을 두드리고, 자신의 가치를 피력하며, 셀 수 없는 좌절을 겪은 후에 만날 수 있는 것으로 보였다. 그들은 자신과 기업의 가치를 인정해 주는 투자자, 생산자, 소비자를 만나게 되면서 자신의 아이디어를 구현하고 시장에 내놓을 수 있는 가능성을 높이고 영향력을 미칠 수 있는 범위를 넓히게 된다.

> 거의 만나는 분들 열이면 열 분 다 이건 절대 안 된다고 얘기를 하셨고, 근데 유일하게 지금 현재 ○ 펀드에 ○○○ 대표님께서 한국에 오셔서 좋은 소개로 저를 만났고, 앉은 자리에서 바로 이거는 정말 필요한 얘기라고 하셔 가지고…… 투자를 해 주시면서 법인 설립을 하게 됐죠.
>
> —박혜린

> 그래도 잘 안 됐다가 뭐 운이 좋았어요. 기존에 하던 업체가 좀 실수를 하면서 없어지면서 일부 기회가 왔고, 거기서부터 시작을 해서 한 거죠. 그래서 ○○에 씨감자 제품을 납품하는 것을 첫 시작으로 했고, 그걸 가지고 잘하니까 "원물을 납품을 하지 않을래?" 이렇게 된 거죠.
>
> —박영민

비트컴퓨터 조현정 대표는 운칠기삼(運七技三)을 말한다. 그렇지만 사업에서는 행운도 중요하지만 3할을 차지하는 기술과 노력이 이미 갖춰져 있어야 운을 활용할 수 있음을 강조했다.

> 운이 중요한 건 맞아. 운 속에는 타이밍도 있고, 좋은 사람 만나야 되고.

또 경우에 따라 자본에 대한 걱정도 있을 수 있는데, 요즘은 뭐 자본 걱정은 작아진 것 같고. 어쨌든 기술이 있어야 되고, 맨파워를 갖춰야 돼. 시장에 대한 반응도 있어야 되겠네. ……(중략)…… 다들 뭐 하는 이야기하기로, 운이 7이고 기가 3이다. 기술이 3이다 말을 하는데 사실 기술에 대한 준비는 평소 되어 있어야 해. 그래야 운이 왔을 때 잡을 수가 있는 거지. 그런데 기술도 없는데 운이 왔다고 다 잡아지지는 않겠죠.

–조현정

5. 함께 일하는 방법 찾아가기

기업가들이 부지런히 다른 이들을 포섭하고, 기업과 상품을 중심으로 사람들이 모이기 시작하면서 기업의 규모는 커진다. 직원 수가 늘어날 뿐만 아니라 사업과 관련하여 만나는 사람도 많아진다. 사업 규모가 커지면서 기업가들은 새로운 과제에 당면한다. 그것은 함께 일하는 이들이 모두 각자의 역할에 충실하고 효율적으로 일하는 동시에 그 일에서 의미를 찾도록 이끄는 것이다.

인터뷰 당시, 생활연구소 연현주 대표는 이러한 문제를 풀어 나가고 있는 상태였다. 사업 규모가 나날이 커 가는 상황에서 직원 한 명 한 명과 소통하는 것이 현실적으로 불가능해졌다. 창업 초기에 동료들이 가지고 있던 주인의식이 이제는 모두에게 적용되기 어려워졌다. 이 시점에서 '함께 일하기'를 재정의하는 작업이 필요했다.

이제 한 30명 넘어 한 50명? 50명 정도 넘어가면은 일일이 커뮤니케이션이 어렵고, 저도 정말 부지런히 직원들하고 한두 마디씩 하자고 생각하지만 그것도 힘들거든요. 그 50명이 되면 누가 뭐 하는지 안 잡힐 수도 있고. ……(중략)…… 이제 최근에 한 게 팀을 나누고 팀장을 세우고, 미션을 주고, 임파워먼트를 했어요. 팀장을 세우고 팀을 나누는 거는 남들이 보면 소꿉놀이 같을 거예요. 큰 회사에서 보면. 그런데 그 과정은 굉장히 어려운 게 그 팀장님들이 저랑 생각이 똑같아야 돼요. 그게 진짜 어려운 포인트예요. 누가 나랑 생각이 똑같다는 거는 방향이 똑같다기보다는 나만큼 오너십(주인의식)이 있고 나만큼 책임감이 있느냐, 그걸 가지고 있는 사람을 주는 것도 또는 맡겨 놓고 그 사람을 키우는 것도 방법인데 차이가 없죠. 대표만큼 다 보지 않으니까, 그건 어쩔 수 없으니까. 그런데 그렇게 되게끔 이분들은 트레이닝을 하면은 그 아랫분들은 잘 따라올 텐데 그렇지 못하는 팀장들이 생기면 이제 조직이 와해 · 분열되고 구멍이 생기기 시작하잖아요.

-연현주

생활연구소(청소연구소)의 사무실 모습

이노마드 박혜린 대표는 동료 각자가 자신이 잘할 수 있고 좋아하는 일을 회사의 가치사슬에 맞게 배치해 주는 것이 중요하다고 말한다. 이는 구성원 개개인, 그리고 다 함께 의미 있게 일할 수 있도록 만들기 위해 중요하다.

> 이게 어쨌든 연속적으로 비즈니스가 되고, 관리를 해야 하다 보니까 서로의 역할이 분배되고 책임이 생기는 거죠. 이 조직에 있는 구성원들은 다 능동적이고 주체적인 사람들이 많아요. 그래서 뭐 마치 이런 공간에다가 빈백(소파)만 깔아 주면 스타트업 공간이라고 생각하지만, 그래서가 아니라 내 일을 좋아하는 사람들을, 일하는 시간에 이 제품을 개발할 사람, 설계할 사람, 디자인할 사람, 생산할 사람, 판매할 사람을 가치사슬에 맞게.
>
> —박혜린

기업가의 영역은 내부 구성원에게만 한정되지 않는다. 동료 기업가들과 관련 분야 종사자들에게까지 확장된다. 기업가들은 자신이 직면한 문제와 고민을 중심으로 주변 사람들과 적극적으로 소통하며 배우는 모습을 보였다.

> 모르는 문제를 물론 인터넷으로도 공부할 수 있고 책을 볼 수도 있지만 동시에 가장 좋은 건 현업에서 잘하고 계신 분들한테 여쭙는 게 도움이 되고, 많이 여쭤 봐요. 제가 모든 분야에서 잘하는 건 아니니까. 소개받아서 물어보기도 하고, 아는 사람이면 바로 물어보기도 하고. "이런 경우는 어떻게 해야 할까요?" 이렇게 물어보고. 도움 요청도 많이 드리고. 필요할 때는요. 평소에 항상 한다기보다는 필요한 일이 있을 때는 주저하지 않고 조금만 아는 사이여도 이거 공부합니다 하는 그런 편이에요.
>
> —이충엽

띵스플로우 이수지 대표는 주말과 같은 개인 시간을 활용해 다른 창업가들과 비공식적이고 자유로운 모임을 즐겨 가졌다. 젊은 창업가들이 가진 고민을 중심으로 스터디그룹을 만들어 배우는 것도 주저하지 않았다.

> 비슷한 처지의 친구들과 주말에는 되게 시간을 많이 보내요. 평일에는 각자 바빠서 시간 맞추기가 어렵고 진짜 업무적으로 필요할 때에는 갑자기 오거나 저도 갑자기 찾아가서 이거 어떻게 하냐 하기는 하는데, 주말에 그 책 모임을 같이 하는 비슷한 단계의, 아 비슷한 단계가 아니다, 좀 친한 대표님들이랑 책 읽는 모임 같은 것도 하고, 같이 앱 만드는 근처에 있는 동갑내기 친구들이랑 기획이랑 뭐 조직 문화 같은 것 스터디하는 것도 하고.
>
> —이수지

오파테크의 이경황 대표는 회사 사무실을 성수동의 사회적 기업 육성 센터로 옮겼다. 성수동에 소재하는 사회적 기업가들이 한 건물에 모여 있기 때문이다. 그들은 서로가 가진 지식과 자원을 공유하고, 연합체를 만들어 상품 제조와 생산에서 비용을 절감하며, 직원 복지를 위해 더 많은 혜택이 제공될 수 있도록 협업하고 있었다.

> 일단은 그런 아이디어나 이런 것들을 사업을 추진할 때 가까이 있는 파트너들이 굉장히 좋죠. ……(중략)…… 지금 뭐 준비를 하고 있는 게, 뭔가 같이 이렇게 뭉치니까 우리의 이야기들을 조금 더 할 수 있는 그런 기회들이 생기고. 그런 뭐 얼라이언스도 만들고 하는데. 임팩트 얼라이언스라고, 여기 있는 회사들 다 해 가지고 이제 뭉쳤어요. 자사몰 같은 것, 쇼핑몰 있잖아요. 복지몰 이런 걸 해 보자. 어린이집도 해 보자. 그런 것부터 해서

회사 하나가 어떤, 예를 들어 보험회사의 이런 것과 딜(deal)을 할 때는 약한데, 우리 다 뭉쳤어. 그러면 대기업까지는 아니더라도 중소기업, 중견기업 정도의 파워는 되니까. 그러면 뭐 그런 딜을 단체로 묶어서 할 수 있는 그런 게 되죠.

―이경황

6. 사회적 가치의 크기

지금까지 기업가들이 하나의 기업을 만들어 키워 가는 과정에 대해 살펴보았다. 거기서 나타나는 기업가들의 일과 배움은 부단히 노력하고, 쉼 없는 소통과 설득의 반복을 통해 투자자, 생산자, 소비자를 포섭하는 일이라 할 수 있다. 이러한 과정에서 기업가들은 문전박대를 당하고, 자신의 아이디어에 대한 신랄한 비판에 직면하기도 하며, 재정적인 위기에 처하기도 한다. 이 때문인지, 우리가 인터뷰한 많은 기업가는 기업을 운영한다는 건 참고 견디는 과정이라고 말했다. 그러나 기업가들이 무작정 참아 내기만 하는 것은 아니었다. 이들의 인내는 자신의 기업과 제품에 대한 신념, 기업가의 일로서 사회에 기여한다는 믿음과 가치를 원동력으로 삼고 있었다.

저희가 하는 창업 4년 동안…… 저희가 그때 다 아기가 이 친구는 3명 있고 저는 2명 있거든요. 첫째가 저희 회사랑 나이가 같으니까. 저희 애가 아홉 살이에요. 회사도 아홉 살이고. (창업 초기에) 분유랑 기저귀 살 돈이 없다고 집에서 전화 오고. 그런데도 돈을 못 주고. 후배가 오랜만에 전화 와서 소주 한 번 사 달라는데 마트 소주도 못 사 줄 정도로 돈이 없었고.

하하. ……(중략)…… 그걸 다 뒷받침할 수 있었던 걸 하나 꼽으라면 인내인 것 같아요. 인내. 자기의 철학을 갖고 있고 누가 봐도 개고생이고 너무 힘들어도 자기가 바라보는 비전이 있잖아요. 그걸 보고 인내할 수 있는 태도? 그 인내가 없으면 아무리 반짝이더라도…… 창업이 잠깐 힘들고 그만두는 성격들이 많잖아요.

—박영민

세상에 없는 가치, 지금까지는 다 이렇게 생각해 왔는데 세상에 없는 가치 하나를, 이런 가치가 있었으면 좋겠어. 항상 이렇게만 생각했는데 '이런 가치가 있으면 어떨까?'라고 해서 새로운 가치가 정립되고 그 가치를 세상에다 던지는 게 제일 중요한 것 같아요. 단순히 돈을 벌겠다 그러면 어느 순간에는 다 무너져 가는 것 같아요.

—신웅철

제가 이렇게 작은 회사를 카카오나 뭐 이런 뭐 명함이라도 내미는 회사 다니다가, 지금 보면은 처음에 "청소연구소다." 그러면은, "뭐 그건 뭐야? 뭐 하는 데에요? 회사에요?" 이렇게 물어보잖아요. 그런데 그 과정에서 전혀 아무렇지 않았어요. 솔직히. 왜냐면 저는 이 회사가 정말 좋은 크고 좋은 회사가 될 거라고 믿음이 있거든요, 저한테는.

—연현주

고단한 과정 속에서도 자신의 가치를 알아주는 소비자와 동료들을 만났을 때의 기쁨은, 인내하며 사업에 정진하는 데 큰 힘이 되었다. 기업가가 인내하는 과정은 자신의 기업과 제품에 대해서 믿음을 가지고, 그 믿음에 동의해 주는 이들로부터 힘을 입어 나아가는 과정이었다. 따라서 그들의 인내는 그저 고통스러움을 참아 내는 것이라기보다, 보람을 통해 고통을 극복하고 있는 과정이라 할 수 있었다.

시각장애인 점자 학습 기구 탭틸로(taptilo)

그런 것 때문에 버티죠. 우리 저희가 이렇게 시연회 같은 걸 하고 그러는데 그 아이에게 (점자) 블록을 선물로 줬거든요. 그런데 어머니께서 편지로 "우리 아이가 이걸 가져가더니 점자 공부하려고 한다." 이런 것들? 피드백 받으면 뿌듯하죠. 이제 이런 것들이 있습니다. "어, 너무 기다렸다. 이 제품이 나오는 것을 기다렸다. 왜 이제야 만들었느냐. 내가 얼마나 점자를 가르치기가 힘들었는데." 이런 피드백들을 받을 때 그런…….

−이경황

단순하게 얘기하면 고객 만족 정도가 될 텐데 그 만족이 좀 그냥 우리가 잘해서 뭔가 잘…… 친절하게 대하고 이런 종류 말고, 본질적인 제품이 정말 만족을 일으키는지. 그게 이제 보람찬 것 같아요.

−이충엽

우리 (청소연구소) 매니저님이 12,000분 정도 되는데 뭔가 매니저님들이 이 돈을 손에 쥐셨을 때 뭐 자녀 학원비일 수도 있고, 남편 치료비일 수도 있고 뭔가 경제 활동을 하지 못하다가 이렇게 경제 활동을 하면서 이 소중한 돈이 얼마나 기뻤을까요? 우리가 이 역할을 하고 있는 거다. ……(중략)…… 우리가 하루하루 이렇게 바쁘게 하고 있지만 얼마나 우리가 의미 있는 일을 하고 있는지를 공감할 수 있는 거죠, 전 직원이. 저는 이런 게 너무 좋아요. 너무 감동적이고…… 그렇다고 해서 그게 엄청 큰돈도 아니고 더 큰 기업으로 가기 위해서 더 열심히 하고 있지만. 그런 작업에 우리 같이하고 있다는 것. 그것도 너무 좋고.

−연현주

비트컴퓨터 조현정 대표는 인터뷰했던 다른 기업가들에 비해 가장 경력이 길었고, 이미 사회에서 존경받는 기업가로 자리 잡은 인물이었다. 다른 젊은 기업가들 역시 자신의 기업이 제품을 통해 사회에서 기여할 수 있는 바에서 가치를 찾고 있었지만, 연륜 있는 기업가인 조 대표는 더욱 확장된 가치 개념을 가지고 있었다. 조 대표는 자신의 일을 통해 기업가들이 성장할 수 있는 생태계를 조성하고자 노력하고 있었다.

어떤 사람은 누구, 부분이 프랙털 원리에 따라서, 부분이 좋아야…… 부분이 전체를 좌우한다고 말을 해요. 그런데 저는 전체가 좋아야 부분이 좋다고 말하는 거예요. 제가 아무리 똑똑해도 시장이나 생태 환경이 나쁘면 한계에 도달한다. 그런데 시장이 좋으면, 제가 어떤 표현을 해 봤냐 하면. 사막의 오아시스에 나무가 살고 있지만, 그 오아시스의 밑에서 물이 올라오지만, 물이 마르면 그것도 죽는 거다. 사막에. 근데 정글 속에 있는 나무는.

그것은 죽을 수가 없다. 그건 그냥 생명주기에서 죽을 뿐이지 환경 때문에 죽지 않는다, 맨날 좋은 환경, 비옥하고, 바닥이 물이 올라오고, 새가 와서 유기비료를 퍼뜨리고 가고, 이렇게 환경은 좋은데, 사막에 있는 나무가 잘 살게 해야 하는데 오아시스가 있다 한들 잘 자라겠냐 말이에요. 그래서 사막 같은 분위기가 아니라 정글이나 숲에 있는 나무여야 한다는 거죠. 숲은 누가 조성하느냐 하는 거죠. 그러던 어느 날 눈을 떠 봤더니 숲이 있는 것은 아닐 것이다. 내가 속해 있는…… 나라면, 나라면 우리, 다 함께 숲 조성에 같이 노력해야 한다는 거죠. 그게 생태계 조성이라는 겁니다.

—조현정

7. 소결: 창조적 기업가는 장인적 학습자다

기업가는 세상에 새로운 가치를 던지는 사람이다. 자신만의 업종이 정해져 있다기보다는 사회를 더 이롭게 만드는 것이라면 무엇이든 기업가의 가슴을 뛰게 한다.

우리가 만난 기업가들은 일상에서 불편함, 답답함을 지나치지 않고 새로운 가치창조의 기회로 삼는 습관을 지녔다. 똑같은 아이디어라도 기업인들과 일반인을 구분 짓는 것은 그 아이디어를 현실로 실현시킨다는 것이다. 일반인들이 생각만 하고 있을 때 기업인들이 빠르게 실천한다. 그러나 단순히 이것만으로는 부족하다. 재미있는 것은, 기업인들이 세상에 던진 새로운 가치가 그들이 처음에 생각했던 바대로 똑같이 전개되지 않은 경우가 대부분이라는 점이다. 처음 아이디어는 하나의 생명처럼 자신도 알 수 없게 커 간다.

기업가들이 상품을 만들어 내는 일의 과정은 쉼 없이 '생각하는 손과 수고하는 머리'로 특징지어질 수 있다. 생각을 바로 손을 통해 구현해 내고, 생산된 상품을 중심으로 제조자, 판매자, 소비자와 소통하며, 이들의 의견을 바탕으로 성찰하고 다시 생산해 내는 과정인 것이다. 이러한 과정에서 기업가들은 깊은 몰입을 경험하고, 다른 이들이 생각하지 못한 새로운 상품을 창조해 낸다.

이렇듯 기업가의 창조는 학습에 의해 만들어진다. 한마디로, 기업가들은 장인적 학습자다. 기업가는 일을 통해서 배우며 새로운 가치를 창출해 낸다. 자신의 일과 끊임없이 상호작용하며 깊이 있게 몰입하여 가치를 발견하고 창출해 낸다. 기업가의 창조적 가치창출은 타고나기보다는 배움의 결과로 형성되는 특성을 보여 준다. 성찰과 실천의 지속적인 반복, 그리고 그 일을 완수하겠다는 끊임없는 의지와 인내력으로 스스로를 지속적으로 갱신시키는 장인의 모습을 보여 준다.

지난 10년간 수행된 기업가 학습에 대한 해외 문헌을 고찰한 바에 의하면(이호진 외, 2020), 우연적인 사건들로 인해 기업가는 학습이나 새로운 기회를 얻는다(Cope, 2011; Song, He, & Zhang, 2017). 따라서 기업가의 학습은 창업 과정에서 기업가가 경험한 학습으로 정의할 수 있다(Cope, 2005). 그 과정은 실천적이고 실험적이며 창조적인 특성이 있고(Passaro, Quinto, & Thomas, 2017), 성찰을 동반한다(Secundo et al., 2017). 기업가의 학습은 주도적 학습 기회 찾기, 깊이 있는 학습, 지속 학습, 경험의 성찰과 향상 같은 특성을 갖는다(Matlay, Rae, & Man, 2012). 한마디로, 기업가는 형성적 특성을 갖는데, 그 축적의 크기에 따라 기업가가 맞이하는 기회의 크기도 달라진다(Wang & Chugh, 2014). 이러한 기업가의 학습특성은 앞에서 살펴본 우리의 사례들과도 일치한다.

그러나 이전의 문헌들에서 제시한 것만으로는 기업가가 장인성을 가진 장인적 학습자라고 말하기는 어렵다. 장인을 학습 측면에서 정의하면 '최고로 일하며 자신을 지속적으로 갱신하는 자'다. 기존의 연구들로부터는 '왜 기업가는 이 지난한 학습의 과정을 지속적으로 반복하며 자신을 갱신하려 하는가?'에 대한 답을 얻을 수 없다.

반면에 이 장에서 살펴본 기업가들의 사례들은 기업가가 힘겹고 고통스런 배움의 과정을 끝까지 인내하며 가치를 창출하는 과정을 반복하며 갱신하는 이유를 분명히 드러낸다. 그것은 배움을 통해 얻은 일의 의미성 때문이었다. 기업가는 일의 과정에서 얻은 일의 희열과 '일에서 맛본 손맛'이 추동력이 되어 더 나은 가치로움을 위해 지난한 배움의 여정을 다시 떠난다. 개인적으로는 일의 성취물을 통해 얻는 희열이 사회와 상호작용하면서 사회적 가치로 확장되며 더 큰 보람을 느끼게 된다. 일의 의미성은 기업가로 하여금 또다시 혁신의 길을 걷게 만든다. 이런 점에서 진정한 기업가는 장인적 학습자다. 기업가의 혁신과 창조는 장인적 학습의 끝에서 발현되며, 그 창조는 시간의 역동에 따라 변화와 확장을 거듭한다. 이 과정에서 기업가는 경험을 통해 배우고 알게 된다. '나의 성공의 크기는 세상에 던져진 가치의 크기'라는 사실을.

제**4**장
창조적 계승의 기업가*

1. 차(茶) 산업의 일의 세계

보향다원. 우리나라 남쪽 땅끝 청정지역 전라남도 보성에 자리한 2만여 평의 차 농장이 이 장에서 소개하는 두 장인의 일터다. 보향다원은 유서가 깊다. 1937년 과수 농장을 시작으로 1991년 4대째 최영기, 최승선 씨 부부가 농장을 승계하였고, 차 농장으로 전환하여 30년째 차 농사를 지어 오고 있다. 현재는 5대째 두 아들이 가업을 잇기 위해 노력하고 있다.

농업은 가장 전통적인 산업이지만, 최 씨 부부는 단지 탁월한 손기술로 차 농사를 짓는 농부의 모습만을 가진 것은 아니다. 이들의 일터에는 전통의 계승과 창조가 공존한다. 일의 과정에는 숙련된 '손'과 냉철한 '머리', 따듯한 '가슴'이 함께 어우러져 있다.

이 크지 않은 보향다원의 성과는 놀랍다. '세계에서 가장 귀하고 좋은 차를 만들겠다'는 신념 아래 오직 친환경 유기농법으로 차를 재배하고 있다. 세계 최초로 금차(Gold-Tea)를 개발하기도 했다. 매년

2만 명 이상의 내외국인이 차를 배우러 방문한다.

보향다원에는 최영기 씨 가족 4명을 포함하여 8명의 직원이 일하고 있다. 그중 여기서 살펴볼 차(茶) 장인은 최영기(67세) 대표와 그의 아내 최승선(64세) 씨다.

최영기 씨는 보향다원의 대표다. 다원의 모든 의사결정을 책임지며 이끌고 있다. 그는 곧다. 개량 한복 차림에 날카로운 눈매는 올곧은 선비의 모습을 떠오르게 한다. 유기농의 고집, '세계 최고의 차를 만들겠다'는 신념 모두 그의 올곧음을 보여 준다. 그는 보성에서 태어나 어려서부터 '훌륭한 농부'가 되겠다는 꿈을 가졌다고 한다. 2010년에 신지식농업인(제297호)으로 선정되었고, 2017년에는 우리나라 차 분야에서 최초로 대한민국 최고농업기술 명인이 됐다.

최승선 씨는 보향다원의 이사다. 다원의 모든 살림을 총괄하고 있으며, 상품개발과 체험프로그램을 담당한다. 결혼하기 전까지는 원주 방송국에서 아나운서로 일했다. 그는 깊고 넓다. 다원의 넓고 푸른 차밭의 모습과 향기가 그의 성품을 닮았다. 1991년 농장을 승계하여 지금의 보향다원을 이루기까지 어느 하나 그의 손길이 닿지 않은 곳이 없다. 현재는 다원을 차를 통한 치유와 행복의 공간으로 만들고자 노력하고 있다.

세계 최초 금차 개발(2009), 국무총리표창(2010), 농식품부장관상(2010), 농업 6차 산업 금상(2014), 대통령 표창(2015) 등 최영기, 최승선 씨 부부가 차의 장인임을 나타내는 성과와 대외적 인증은 수없이 많다. 그러나 그들이 진짜 장인임을 보여 주는 것은 이러한 외적 기준보다 그들의 삶과 일하는 모습, 그리고 그들이 만든 최고의 차에 있다. 오직 차와 30년을 함께한 최 씨 부부의 삶을 되돌아보자. 두 장인의 일과 삶은 우리에게 가치 있는 메시지를 줄 것이다.

독자들은 세 가지 관점을 가지고 두 장인의 삶을 들여다보길 권한다. 첫 번째는 일의 시작과 숙련이다. 어떻게 차 농장을 시작하게 되었는지, 어떻게 차를 배우고 장인의 수준에 이를 수 있었는지 알아보자. 두 번째는 창의성과 혁신이다. 어떻게 세계 최초 금차를 개발할 수 있었는지, 보향다원의 다양한 상품들은 어떤 과정을 통해 만들어졌는지 살펴보자. 마지막으로, 60세가 넘은 나이지만 그들이 차를 통해 어떤 꿈을 꾸며 어떤 삶을 지향하는지 그들의 이야기를 들어 보자.

2. 일의 시작과 숙련

가업의 계승과 다원의 시작

최영기, 최승선 씨 부부의 일터인 보향다원의 역사는 1937년으로 거슬러 올라간다. 최영기 씨의 증조부와 조부가 보성의 작은 야산을 개간해서 과수와 차나무를 심은 것이 현재 보향다원의 모태인 청향농원이다. 최 씨 부부가 농장을 승계한 때는 1990년 무렵이었다. 그러나 이들이 물려받은 것은 잘 가꾸어 놓은 차 농장이 아니었다. 아버지의 사업 실패로 헝클어진 땅을 정리하고, 과수원이던 농장을 차밭으로 바꾸어 지금의 보향다원을 시작할 수 있었다.

여기가 원래 조부님의 호를 따서 청향 농원이었어요. 우리가 4대째이고,
이제 두 아들이 귀농해서 함께 일하니까 5대째예요.

―최영기

아버님께서 91년에 작고하셔서 90년에 농장을 승계했어요. 농장이 옛날
에도 있었지만, 과수원이 오래되고 나무가 다 늙어서 그 상태로는 새로 하
기가 어려웠어요. 잡목들을 다 없애고 제자리에 심어 주었죠. 차를 하는
방법에는 두 가지가 있어요. 하나는 땅에 씨를 파종하는 거고, 또 하나는
삽목을 바로 심어요. 우리나라는 대부분 씨를 심어서 해요. 우리도 처음부
터 차 씨를 심어서 했어요.

—최승선

　최 씨 부부가 농장을 시작할 때는 경제적으로 풍족한 형편이 아니
었다. 남편인 최영기 씨가 건재사 등의 일을 하며 벌어 온 돈을 가지
고 최승선 씨가 차밭을 일구고 조금씩 개선해 나갔다. 쉽지 않은 시
작에도 불구하고, 선대로부터 물려받은 '좋은 땅'과 '훌륭한 농부가
되겠다'는 꿈이 있었기에 현재의 보향다원을 일구어 낼 수 있었다.

내가 보성농고에 입학해서 72년도에 학생회장으로 한국영농학생 창립총
회에 참석했어요. 그때에는 우리나라에 농업 말고 별다른 산업이 없었으
니까. 지금으로부터 45년 전 이야기인데, '내가 이 다음에 크면 우리나라
에서 정말 훌륭한 농부가 되어야겠다'는 생각을 그때 가졌어요.

—최영기

부모님 때부터 물려 온 망가지지 않는 땅이 있다는 거. 그게 크든 작든, 잘
생기든 못생기든 그건 중요하지 않았어요. 지금까지 어떤 사람에게도 해
로운 것이 한 번도 들어오지 않은 이 땅이 고스란히 우리에게 올 수 있다
는 것만 감사하게 생각했어요.

—최승선

보향다원의 최승선(왼쪽), 최영기(오른쪽) 부부

안전지대를 벗어난 배움과 초심

한 분야에서 숙련의 경지에 이르려면 누구나 배움과 연습의 시간
이 필요하다. 그러나 최 씨 부부의 초기 숙련의 과정은 남달랐다. 다
원을 시작한 90년대 초부터 차의 원류라 할 수 있는 중국과 인도, 일
본 등의 차 산지를 찾아다니며 차를 배웠다. 그 과정에서 '우리만의
차별화된 차를 만들지 않으면 생존할 수 없다'는 것을 절실하게 깨
달았다. 그 후 오직 친환경 유기농법으로 차를 재배하기 시작했고,
2008년 보성군 내 7개소의 차 농가와 함께 국내 최초로 미국, 일본,
유럽의 유기인증을 받았다.

남들보다 잘하고 싶은 생각이 있어서 해외로 나가 중국 차밭 골짜기를 헤
매고 다녔어요. 중국하고 일본을 다녀 보니까 여기가 더 정확하게 잘 보였
어요. 우리나라 차 생산량이 현재 대략 2,000톤 정도인데, 중국은 130만
톤, 인도는 120만 톤이니 시장 자체가 400~500배예요. 일본도 10만 톤
정도 되니까, 이 사람들이 생산하는 차의 종류, 차 가공방법, 제다방법, 판
매방법들을 보고 배웠어요. 우리가 초등학교 수준이라면 그 사람들은 대

학교, 대학원 수준인 거죠.

−최영기

최 씨 부부가 오랜 기간 해외를 유랑하며 배운 것 중 가장 중요한 것은 단순히 차에 관한 지식과 기술의 습득만이 아니었다. 그것은 앞으로 보향다원을 어떻게 경영해야 할지 그 방향성에 관한 것이었다.

쉬지 않고 보고 계속 돌아다니면서 공부를 하니까 좀 뭐랄까 출발점과 지향점이 달랐던 거죠. 시야를 좀 더 깊고 넓게 방향설정을 했어요. 그리고 일본과 중국 사람들한테 없는 차를 만들어서 제품을 차별화해야 우리만의 영역을 넓혀 나갈 수 있다고 생각을 했어요.

−최영기

제대로 된 농사를 하고 싶었던 거예요. 밖에 나가서 경험하고 수많은 책을 보면서 농작물이 사람에게 미치는 영향에 대해서 일찍 깨어 있었어요. 그렇게 해서 유기농을 했던 거예요. 그리고 또 목표가 있잖아요. '최고의 차를 만들어 우리나라에서 최고로 큰 기업에다 팔아야지.' 그런 생각이 있었기 때문에 힘든 것을 다 견딜 수 있었죠.

−최승선

최 씨 부부는 1990년대 초부터 해외의 차 산지를 돌아다니면서 건강한 먹거리에 관심을 가졌고, '최고의 차를 만들겠다'는 목표를 세웠다. 이러한 신념과 목표는 당시에는 일반적이지 않았던 유기농 차의 재배로 이어졌다.

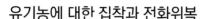

유기농에 대한 집착과 전화위복

지금은 소비자들이 유기농 상품을 찾고 많은 농가가 유기농 방법으로 작물을 재배하고 있다. 그러나 최 씨 부부가 차를 재배했던 당시만 하더라도 유기농 농사는 주변에서 '미쳤다' '정신이 나갔다'는 소리를 들을 정도로 드문 일이었다고 했다.

> 우리는 확신이 있었어요. 돈이 많이 들더라도 반드시 유기농을 해야겠다
> 고 생각을 했어요. 씨를 뿌리기 전에 제초제를 뿌리면 김을 매지 않아도
> 돼요. 보리건 밀이건 그렇게 농약과 제초제를 쫙 뿌리고 거기다 씨를 파종
> 하면 풀이 날 이유가 없어요. 대부분 그렇게 농사를 해요.
>
> ─최승선

> 지금은 사람들이 유기농에 대해서 많이 민감하고 알지만, 그때 당시 농약
> 을 하는 것은 당연한 일이었고, 친환경이라던가 유기농에 대한 개념이 거
> 의 없었어요. 사람들이 말하길 저 집은 돈이 얼마나 많으면 미친놈들이 풀
> 을 하나씩 뽑으라고 한다고. 하루 인건비가 얼마인데 왜 그렇게 돈을 퍼
> 쓰면서 하는지 모르겠다고 했지요.
>
> ─최영기

주변 사람들의 비난과 만류에도 불구하고 최 씨 부부는 2009년 보성의 7개 농가와 함께 국내 차 업계에서 최초로 미국, 유럽, 일본의 유기인증을 받았다. 이러한 친환경 유기농법의 고수는 2007년 차 산업 전체에 불어온 농약 녹차 파동의 위기를 극복하는 전화위복이 되었다.

2000년 중반에 웰빙 바람이 불면서 차가 몸에 좋다고 하니까 차 공급이 수요를 못 따라갔어요. 그야말로 꽃 피는 세월이 잠깐 몇 년에 걸쳐 있었는데, 거기에 ○○○ PD가 찬물을 짝 끼얹어 버렸죠. 녹차에 농약을 한다고 터뜨려 놓으니까 하늘을 날던 차가 지하로 팍 꽂혔어요. 건강한 생각을 했던 업체들은 살아났지만, 그렇지 못한 업체들은 다 엎어졌어요.

−최승선

보성군에서 그랬죠. "이게 녹차 수도 보성인데 어떻게 하지?" 그런데 우리는 유기농을 계속하고 있었잖아요. 그래서 박람회마다 저희를 데리고 갔어요. 차가 안 팔리니 보성군에서 메인 부스에 우리 다원을 차려 줬어요. 보성에 농약을 한 차만 있는 것이 아니라, 이런 해외인증까지 받은 곳이 있다 하면서 차별화되니까 우리 다원이 알려지는 계기가 됐죠.

−최영기

1991년 농장을 승계해서 2000년 중반까지 초기 숙련의 과정은 인고의 시간이었다. 최 씨 부부의 숙련의 배경에는 세 가지 중요한 요소가 있었다. 첫째는 오직 차를 배우기 위해 해외의 차 산지를 떠돌았던, 안전지대(safety zone)를 벗어난 경험과 배움이었다. 둘째는 '몸에 좋은 최고의 차를 만들겠다'는 초기의 굳건한 신념이었다. 마지막으로, 이러한 배움과 신념을 바탕으로 집요하게 유기농 차 재배를 고수하여, 보향다원이 보성을 대표하는 다원으로 자리매김할 수 있었다.

3. 장인의 창조력

세계 최초 금차 개발

보향다원을 국내를 넘어 세계에 알리게 된 사건은 세계 최초 금차 개발의 성공이었다. 2009년 차의 종주국인 인도와 중국에서도 개발하지 못한 금차를 만들어 낸 것이다. 최 씨 부부는 금차의 개발 과정에서 머턴(Merton, 2003)이 말한 '예기치 않은 행운(serendipity)'이 있었기에 가능했다고 했다.

> 어느 차 박람회에서 제가 "이 차가 보성에서 나오는 유기농 황금명차예요, 드셔 보세요."라고 하며 여느 때와 다름없이 계속 차를 따라 주었어요. 그런데 사람들이 "왜 황금명차예요? 여기 금 들었어요?"라고 계속 물어봐요. 그래서 제가 "지금은 금이 안 들어가 있는데, 금이 우리 몸에 좋은 거니 나중에 한 번 꼭 만들어 보겠습니다." 그랬죠. 말은 한번 뱉으면 다시 담을 수가 없잖아요. 그래서 아주 3년을 고민했어요. 하기는 해야 할 텐데, 방법이 없었어요.
>
> —최승선

마치 선견지명이 있는 것처럼 금차를 개발하기 전부터 '황금명차' '황금차' '금차'라는 상표명을 등록했다고 한다. 그리고 몇 년 후, 서울 어느 골프 박람회에서 예기치 않게 귀인을 만났다.

> 서울 대치동에서 골프 박람회를 한다는 소식을 들었어요. 차 박람회도 아

닌 골프 박람회인데, '나 저기 가야지.' 하는 생각이 계속 들었어요. 차 박
람회도 아닌데 마음을 접을 수가 없었어요. 그래서 갔죠. 거기서 우리 다
원 이름과 '유기농 황금명차'라는 팻말을 걸고 차를 우려 주기 시작하는
데, 어떤 손님이 "차 한 잔 주세요." 해서 드렸어요. 그런데 다음 날, 그다
음 날에도 계속 오셔서 차만 사고 가시는 거예요. 행사 마지막 날에 "이게
혹시 상표 등록이 되어 있습니까? 왜 이게 황금명차예요?"라고 물으셔서,
상표 등록이 되어 있고 이름이 현재 이렇다고 이야기를 했어요. 그분이 금
차를 만들게 연결해 주신 분이었어요.

−최승선

최승선 씨는 골프에는 관심조차 없고, 골프에 골자도 모르는 사람
이라 했다. 지금도 우연히 브로슈어에서 본 골프 박람회를 그때 왜
그렇게 가고 싶었는지 한참을 웃으며 모르겠다고 했다.

그분이 누구냐면 H대학교 화학과 OOO 교수님으로부터 금 용액 제조기
술을 받아 위탁생산을 하는 분이셨어요. 원래 직업이 의사였고, 자기가 금
용액을 가지고 이전부터 가장 해 보고 싶었던 것이 금녹차였대요. 그런데
이때까지 차를 몰라서 해 보지 못했다고 했어요. ……(중략)…… 그러니까
차 박람회도 아닌 골프 박람회를 제가 왜 그때 그렇게 가고 싶었는지. 인
간사 아무도 몰라요. 우연한 만남이지만, 저는 우연이 아니라고 생각해요.
저는 그게 필연이었다고 생각해요.

−최승선

그 만남 이후 책과 여러 논문을 통해 금을 활용한 먹거리를 수없
이 검토하였고, 금 용액의 농도와 횟수를 달리하며 수많은 시도 끝

에 금차를 개발할 수 있었다. 금차는 국내외 매스컴에 약 150회 이상 보도되었고, '세계 최고급 차(World noble Tea)' '천상지차(天上之茶)'라 표현될 정도로 전 세계의 주목을 받았다.

보향다원 금녹차(왼쪽), 금홍차(오른쪽)

보향다원의 금차에는 1kg당 0.1~0.12mg의 금 미네랄 성분이 함유되어 있다. 금녹차, 금홍차 세트는 100만 원이 넘는 최고급 품질의 명품차다. 금차의 개발로 인해 최 씨 부부는 '몸에 좋은 최고의 명품차를 만들겠다'는 초기 목표를 이룰 수 있었다.

차 소비 확산을 위한 고민과 노력

보향다원이 창의적으로 개발한 상품들은 금차, 유기농차, 블렌딩 티 등의 차류는 물론이고, 녹차 누룽지, 녹차 크래커 등 20여 종의 다양한 티 푸드가 있다. 최 씨 부부는 끊임없이 연구하고 상품화하는 이유가 어떻게든 몸에 좋은 차를 많은 사람이 접하고, 이를 통해 차 소비량을 높이기 위해서라 했다.

우리나라 1인당 차 소비량이 50~60g 정도밖에 안 돼요. 세계에서 46위예요. 아랍이 3,000g, 영국이 2,000g, 가까운 일본도 1,000g이 넘어요. 일본은 심지어 어려서부터 차를 접할 수 있도록 유치원과 초등학교에서 식수에 물이 아니라 차가 나와요. 이게 진짜 몸에 좋은 차인데, 사람들은 갈수록 탄산음료와 커피에 중독되고 있어요.

—최영기

궁극적으로는 어떻게든지 차를 매개로 해서 차를 보급해야겠다. 이런 염원이랄까? 애들이 먹기 위해서는 크래커를, 어른이 먹기 위해서는 누룽지를, 장이 안 좋은 사람에게는 녹차 효소를, 어떻게든 녹차 소비를 촉진시키고 차를 음료로서뿐만 아니라 다양하게 먹을 수 있게 고민하니까 그런 방법이 나오는 거죠.

—최영기

최 씨 부부는 차와 몸에 좋은 다른 먹거리를 연결하여 다양한 상품을 개발하고 있다. 스티브 잡스가 "창의성이란 단지 사물을 연결하는 것(Creativity is just connecting things)"이라고 했던 것처럼.

'우리가 차를 어떤 것과 결합할 수 있을까?' 그렇게 해서 금차가 나왔고, '새로운 시장에 맞게 간편하면서 쉽게 먹을 수 있는 것은 뭘까?' 그렇게 해서 블렌딩티를 만들었어요. 사람이 기호가 다 다른데 내가 이 제품을 생산하니까 이것만 먹으라고 하면 안 되잖아요. 그러다 보니까 다양하게 만들었어요.

—최영기

차가 가지고 있는 좋은 점을 다른 것과 접목하려면 얘를 알아야 하니까 얘를 공부해야 해요. 맛보고 씹어도 보고 별짓을 다 하죠. 그렇게 해서 하나가 만들어져요. 소비자는 여러 개를 보고 자기에게 맞는 하나를 선택하잖아요. 그런 맥락에서 보더라도 우리 농업을 하는 사람들이 깨어 있어야 해요. 연구하지 않으면 사람들의 욕구를 충족시킬 수 없어요.

－최승선

상품 개발을 책임지고 있는 최승선 씨는 다양한 제품을 개발하는데, 가장 어려운 점이 방부제와 같은 첨가물을 쓰지 않는 것이라 했다. 그동안 여러 곳에서 쉽게 돈을 벌 수 있는 사업 제안도 많았지만, 건강한 먹거리에 대한 초심을 잃고 싶지 않아 뿌리쳤다고 한다.

하다못해 차가 들어간 떡도 해 보고 과자도 해 보고 할 수 있는 건 다 해봐요. 그런데 상품으로 나가려면 제일 문제가 방부제예요. 저는 그런 거를 아주 싫어해요. 제가 먹고 싶지 않은 것을 사람들에게 먹으라고 하고 싶지 않아서요. 그러다 보니 건조를 할 수밖에 없어요. 식자재들이 수분이 조금이라도 있으면 금방 변하잖아요. 그래서 만들기가 어려워요.

－최승선

건강한 먹거리에 대한 이들의 초심은 시간이 지나도 변함이 없었다. 최 씨 부부가 만들어 낸 창조적 결과물들은 몸에 좋은 차를 많은 사람이 접할 수 있도록 하기 위한 끊임없는 고민과 생각 속에 만들어졌다.

차를 통한 치유와 행복

보향다원은 차와 관련한 새로운 상품을 만들어 내는 것을 넘어 다양한 체험 활동을 제공하고 있다. 연간 2만 명에 달하는 국내외 방문객들에게 차 만들기, 차훈 명상, 다례 체험 등의 프로그램을 제공하여 우리나라의 전통차 문화를 알리고 있다. 최승선 씨는 체험 활동이 품도 많이 들고 돈도 안 되는 일이라 했다. 그러나 차를 경험하고 행복해하는 모습을 보면서 어느 것과 바꿀 수 없는 커다란 행복을 느낀다.

> 돈을 벌려고 하면 체험 안 해요. 너무 힘들어요. 돈도 안 되고 시간도 많이 들고 한 사람 한 사람 다 챙겨야 하잖아요. 처음 시작할 때나 지금이나 사람들을 차에 가깝게 해 주는 수단으로 체험이 있어요.
>
> —최영기

> 차를 좋아하는 사람들이 늘어나고 우리나라 사람들이 건강해지면 좋겠다는 생각이었어요. 저는 여성이잖아요. 내 가족만 생각하고 내 요기만 생각하고 그러지 않아요. 나한테 차를 할 수 있는 터전이 있으니까 이걸 많은 사람과 공유하면서 그 사람들이 여기에 와서 행복하면 돼요. 그래서 체험을 해요. 사람들이 여기 와서 "저 힐링하고 가요." 할 때가 저는 엄청나게 행복해요.
>
> —최승선

차 만들기 체험(왼쪽), 다례 체험(오른쪽)

　전통적 개념의 장인과 현대적 장인을 구분하는 가장 중요한 요인은 장인의 창조력이다. 장인의 창조력은 숙련의 최고의 경지에서 발휘되며, 자신의 일을 좀 더 나은 방향으로 개선하려는 끊임없는 고민과 노력의 결과다. 금차와 같은 창의적인 상품들은 번뜩이는 아이디어와 재능의 결과물이 아니었다. 사람들의 건강을 염려하며 어떻게든 차 소비량을 늘리고자 하는 치열한 고민과 내적 동기의 산물이었다.

4. 소박하지만 귀한 꿈

미래의 꿈

　최 씨 부부는 미래의 꿈이, 두 아들과 함께 보향다원을 차와 관련한 건강한 먹거리를 제공하는, 좀 더 훌륭한 농업 경영체로 만드는 것이라 했다. 이와 함께 각자의 마지막 소원을 들려주었다.

　　우리가 차와 차 문화라는 위대한 민족 자산을 가지고 있었어요. 그런데 지금은 1인당 차 소비량이 세계 46위로 60g 정도예요. 좋은 것은 안 먹고 몸에 좋지 않은 것만 가려 먹으니까 문제예요. ……(중략)…… 나는 크게는 우리나라 1인당 차 소비량이 두 배만 되면 좋겠다. 정 못하면 100g이라도 하는 게 내 평생의 소원이에요. 그래서 국민건강, 외화 절약, 그리고 우리나라 차 산업 발전에 보탬이 되고 싶어요.

−최영기

차는 많은 것을 정화시켜요. 몸도 정화시키고, 차나무가 저기 있음으로써 공기도 많이 정화시키고 이 주변을 밝히는 것이라고 생각해요. 저는 조금 더 차를 사람들을 치유할 수 있는 방향, 사람들이 차를 마시고 차를 가까이하고 차를 만들고 하면서 많은 것을 좀 덜어 낼 수 있는 방향으로 해 보고 싶어요. ……(중략)…… 조금 더 연구해서 사람들이 정말 여기 오면 '내가 여기 오길 잘했다.' 하고 행복감을 조금 더 채워 갈 수 있으면 좋겠어요. 우리 다원이 그런 공간이라면 정말 좋겠다. 이게 제 생각이에요.

−최승선

최 씨 부부의 미래의 꿈은 흔히 이야기하는 원대한 비전과는 달랐다. 차를 사랑하고 사람들의 건강을 우려하는 마음에서 우러나오는 진솔하고 아름다운 꿈이었다.

농업의 현실과 미래

최 씨 부부는 갈수록 고령화되는 농가의 현실을 안타까워하며 농촌을 어떻게 하면 살릴 수 있을지 걱정하고 있었다. 이와 함께 무조건 생산성을 높이기 위한 농업의 대형화, 자동화를 걱정했다.

농업도 이제 시대적인 조류가 4차 산업혁명이니까 기계화, 공장화, 인공
지능으로 생산된 농산물을 먹게 되고 또 그런 방향으로 나아가겠죠. 그렇
지만 전통적인 가치랄지, 또 식물에 내재해 있는 그 근본적인 힘을 훼손시
키지 않고 어떻게 접목을 할 것인가? 그게 심각한 고민거리지요. ……(중
략)…… 급격하게 허물어지고 있다고 해도 과언이 아닌 이 농촌을 어떻게
살릴 수 있을까? 거기에 우리의 역할은 무엇일까? 생각을 많이 해요.

−최영기

최 씨 부부는 하루빨리 농사에 대한 사회적 인식이 바뀌어 젊은
사람들이 많이 농촌으로 돌아올 때만이 이 문제가 해결될 수 있다고
했다.

젊은 사람들이 시골로 돌아와야 해요. 그나마 우리는 60대잖아요. 70대,
80대는 몸도 노쇠해지고 새로운 것을 받아들이는 능력도 떨어져요. 컴퓨
터도 이메일도 어려우니까요. 그래도 우리가 앞을 볼 수 있는 것은 젊은
사람들이 지금 현재하고 눈을 맞출 수 있잖아요. 앞서 나가지는 못하지만
맞출 수는 있잖아요. 젊은이들이 없어서는 농업이 살아날 수는 없어요. 제
가 여기에 와서 해야겠다고 처음 손을 댄 것이 서른셋이에요. 지금 우리
큰아이보다 적은 나이예요. 그러니까 젊을 때 해야 해요.

−최승선

최 씨 부부는 차를 재배하고 가공하며 남는 시간에 틈틈이 차에 대
해 가르치고 있었다. 또한 지역공동체와 상생을 위한 포럼 등을 개최
하고 차 산업 발전을 위한 방법들을 함께 찾아가고 있었다.

일단 우리 애들이 제일 많이 배워야 해서 제일 많이 신경 쓰고 있어요. 그
다음이 직원이에요. 직원이 제대로 따라와야 다원이 잘 갈 수 있잖아요.
그다음이 다원에 오시는 분들인데, 그분들과 차를 만들고 잘 알려 드려요.
대학에서도 아는 교수님들이 강의를 요청하는데 특강만 조금 나가고 있어
요. 많이 가르쳐 드리고 싶은데, 다원 일이 많아서 못하고 있어요.

−최승선

최승선 씨는 귀농을 꿈꾸거나 농업을 시작하는 분들에게 지식과
기술보다 농사를 짓는 바른 마음가짐이 더 중요하다고 했다.

저는 농업을 왜 하는지부터 가르쳐야 한다고 생각해요. 농사를 왜 하는
지, 농사가 사람들에게 어떤 영향을 주는지. 그게 없는 사람들은 오래 못
해요. 조금 한 2년 정도는 해요. 그리고 포기하고 가요. 식당을 하던, 제
조업을 하던, 농업을 하던 성공의 기본 요소가 똑같아요. 성공한 사람들
을 잘 보면 생각과 가치관이 달라요. 농사는 대단한 인내심과 노력과 땀
이 필요해요. 좋은 농사의 기본은 가슴이에요. 철학이 없는 농사를 하면
잘 될 수 없다고 보거든요. 그 기본적인 것이 제대로 되면 그다음은 배우
면 돼요.

−최승선

최 씨 부부는 자신의 속한 차 산업 분야와 사회에 대해 책임감을
가지고 일을 통해 기여하고 있었다. 농업과 차 산업을 걱정하며 어렵
게 배운 지식과 기술을 아낌없이 나누어 주는 모습은 참으로 귀했다.

5. 소결: 전통의 창조적 계승

일반적으로 성인이라면 일을 해야 한다. 일은 곧 '밥'이기 때문이다. 따라서 성인이라면 일로부터 쉽게 자유로울 수 없다. 그러나 삶이 가치가 있으려면 일은 밥벌이 그 이상이어야 한다. 60세를 훌쩍 넘은 두 차 장인의 삶 속에서 일다운 일을 하는 사람의 전형을 볼 수 있다.

서울에서 보성까지 왕복 600킬로의 먼 길을 여러 차례 방문하며 두 분의 삶의 이야기 속에서 세 가지 교훈을 얻었다. 그것은 발품을 팔 만한 값진 것이었다.

첫째, 일과 배움이다. 한 영역에서 탁월한 수준의 경지에 이르려면 제대로 배워야 한다. 두 분은 차를 배우기 위해 봇짐을 메고 떠났다. 인도와 중국, 일본을 돌며 익숙한 안전지대를 떠나 최고를 찾아 배우러 떠났다. 익숙한 곳, 익숙한 방법으로는 더 높은 수준과 경지에 이를 수 없다. 일을 배움에도 값 지불이 필요하다.

둘째, 세계 최초로 금차의 창의적 성과를 만들어 내는 과정이다. 보향다원의 창의적 상품들은 절대 어떠한 영감의 결과가 아니었다. 깊은 고민과 인내, 예기치 않은 만남과 수많은 시행착오 끝에 나왔다. 장인의 창조력은 고숙련의 끝에서 만들어졌다.

마지막으로, 그들의 꿈과 작은 소망이다. 두 분은 어떻게 60세가 훌쩍 넘은 나이에도 은퇴하지 않고 열심히 일할까? 최영기 씨의 "내가 눈을 감는 순간까지 지금보다 딱 두 배만이라도 우리나라 사람들이 차를 많이 마셨으면 좋겠다."는 말 속에서 답을 얻을 수 있다. 두 장인이 끊임없이 배우고 도전하며 일하는 이유를 이 어렵지만 소박한 꿈에서 찾을 수 있었다.

차 산업은 오래된 전통 분야다. 선대의 유산을 계승하는 건 후속 세대의 몫이다. 그러나 그것이 있는 그대로 물려받으라는 얘기는 아니다. 지금 이 시대에 필요한 건 오히려 창조적으로 계승하는 일이다. 장인적 성취를 이루어 낸 최 씨 부부가 그랬던 것처럼 말이다.

#2. 근로자도 기업인처럼 혁신적으로 일할까: 장인적 성취

　장인적 성취란 숙련을 통해 쌓은 탁월한 역량을 바탕으로 목표한 성과를 거두고 사회적으로 인정받으며 스스로 느끼는 만족감 및 자부심으로 정의된다(이정아 외, 2021).

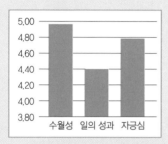

장인적 성취	평균	표준편차
수월성	4.96	0.95
일의 성과	4.40	1.09
자긍심	4.77	1.09

　연세대학교 장원섭 교수 연구팀의 2021년 장인적 성취 설문조사 결과에 따르면, 응답자(n=1,574)들이 느끼는 장인적 성취에 대한 3개 하위요소는 모두 4점대(7점 척도)로 긍정보다는 중립적인 인식을 가지고 있다. 특히 일의 성과는 4.4점으로 가장 낮게 나타났다. 이는 자신의 일에 대한 성과를 부정적이지는 않지만, 그래도 성과가 있다고 생각하지 않는다는 것을 의미한다. 일의 성과는 장인성의 정상 경험 및 일의 희열과 관련된 변수로, 이는 장인적 학습을 다시 강화시킨다는 점에서 성과 인식 강화의 중요성이 의미하는 바가 크다 하겠다.

　제2부에서는 혁신과 기업가에 대한 사례연구를 소개했다. 기업가의 혁신적 성과는 장인적 학습의 끝에서 발현됨을 보여 주었다. 그렇다면 장인적 학습은 근로자도 혁신적 행동을 하게 할까? 임파워링 리더십이 혁신적 업무행동에 미치는 영향을 다룬 연구(이호진 외, 2021)에서는 장인적 학습이 근로자의 혁신적 업무행동을 강화하는 중요한 변수임을 실증적으로 보여 주었다. 즉, 장인적 학습의 강화는 근로자의 혁신적 업무행동을 강화시킨다.

III. 조용한 사직 시대 일의 의미

근로자의 장인성

수년 전부터 직장인들 사이에는 워라밸(WLB)이 화두로 등장했다. 일과 삶의 균형을 외쳤으나 그것은 사실 일과 삶의 분리를 의미했다. 지금 다시 '조용한 사직(quiet quitting)'이라는 말이 화제가 되고 있다. 워라밸을 넘어 이제는 직장에서 일을 최소한만 하면서 버티겠다는 거다.

이런 현상은 왜 생겨났을까? 일도 삶의 중요한 일부일진대, 정말로 일이 삶과는 조화할 수 없는 것일까? 제III부에서는 이러한 질문을 바탕으로 조직에서 일하는 근로자의 장인성을 다룬다. 제5장에서는 전문비서를, 제6장에서는 영업 초기 경력자를, 제7장에서는 영업 우수 성과자를, 그리고 제8장에서는 반도체 장비 고숙련 엔지니어를 통해 그들의 일하는 삶에서 장인성을 살펴본다.

제**5**장
타인을 더 빛내는 전문비서*

1. 전문비서의 일의 세계

전문비서는 경영자나 관리자가 그들 본연의 업무에 전념할 수 있
도록 보좌하는 역할을 한다. 미국에서는 전문비서가 '비서(secretary)'
라는 명칭보다는 '사무전문가(Administrative Professional)'라고 불리
며 다양한 직책과 명칭으로 사용되는 추세다. 최근 세계비서협회인

IAAP(International Association of Administrative Professional)에서는 비서를 포함한 사무직을 '사무전문가'라고 정의하고, 그 역할을 파트너, 리더, 퍼실리테이터, 대변자, 어드바이저로 구분했다. 이는 비서가 사무전문가로서 상사뿐만 아니라 기업 경영 전반을 보좌하며, 이에 필요한 지식, 기술, 태도가 확장되었음을 의미하기도 한다. 우리나라에서는 전통적으로 비서의 이미지가 상사를 위해 잡무를 처리하는 정도의 수준에 국한되어 있었다. 최근에는 상사의 단순 보좌에서 그 역할이 더욱 확장하고 있다. 전문비서로서 상사의 의사결정 과정이나 업무에 중요한 역할을 지원하는 다기능적 비서로 그 역할이 전환되고 있는 것이다. 전문비서는 소속기관에 따라 기업비서, 공공기관비서, 교육연구비서, 의료비서, 법률비서, 회계비서, 의원비서 등으로 세분화되고, 그 직무도 점점 다양해지고 있다.

비서의 직무는 조직의 유형이나 상사의 성향 등에 따라 다양하게 나타난다. 다른 사무직에 비해 상대적으로 정형적이지 않고, 동시다발적인 업무들이 많으며, 그 범위가 명확하지 않다. 따라서 비서에게 주어진 권한과 책임 안에서 주도권을 가지고 능동적으로 일을 수행하며 다재다능해야 한다. 그렇지만 비서는 자신이 부각되기보다는 눈에 띄지 않는 곳에서 상사의 업무가 더 빛을 발하도록 하는 직무 고유의 특성을 가진다.

한국데이터산업진흥원의 통계자료에 따르면 2021년 기준으로 비서 및 사무보조원에 종사하는 임금 근로자의 평균 근속연수는 4년으로 전 직종 평균 근속연수인 7년에 비해 3년이 짧았다. 또한 비서직의 평균 연령은 35.1세로 전체 직업군의 평균 연령인 43.4세보다 크게 낮은 경향을 보인다. 우리 사회 통념상 비서직은 나이가 어리고 미혼을 선호한다는 인식이 아직도 남아 있기 때문으로 보인다.

이렇게 짧은 근속연수와 낮은 연령은 비서로서의 경력을 지속적으로 유지하는 것이 쉽지 않은 일임을 보여 준다고 할 수 있다. 그럼에도 불구하고, 비서로서 오랜 경력을 유지하며 비서직에 대한 전문적인 태도와 강한 책임감으로 상사와 깊은 신뢰관계 속에서 일하며 업계에서 모범이 되는 전문비서들을 소개하고자 한다.

2. 끊임없이 배우며 성장하는 고경력 비서

한정은(가명) 씨는 우리나라에서 가장 대표적인 대학병원의 하나라고 할 수 있는 S대 병원의 팀 비서다. 교수들의 연구 업무나 학술활동 및 다양한 행정 업무를 보좌하는 업무를 수행한다. 그는 비서직을 수행하면서 계속해서 다양한 분야의 학위에 도전하고 학업을 쉼 없이 지속해 나갔다. 일하면서 전문대 전산과 야간과정, D대 광고학과, W대 얼굴경영학과 사이버 과정과 한국어문화과 복수전공, 그리고 E대 국제사무학과 대학원 석사과정을 다녔다. 이러한 배움을 자신의 업무에 적용하고자 부단히 노력했다. 한시도 학습을 게을리하지 않으며 자신의 업무 영역을 계속 넓혀 나갔다. 그의 이야기를 더 상세하게 들어 보자.

시작은 우연이었다

대학병원이라 하면 보통은 의사와 간호사들로 구성된 집단을 떠올린다. 그러나 보이지 않는 곳에는 병원이 잘 운영될 수 있도록 행정을 처리하는 사무직이나 비서직도 있다. 한정은 씨는 1992년 4월 처음 S대학병원에 입사하여 비서직을 시작했다. 그 당시에는 직무분석이 잘 되어 있는 것도 아니고 병원에서 비서직을 수행한다는 것이 어떠한 것인지 잘 알지 못했다. 그때를 떠올리며 어떤 회사가 좋은지 탐색하고 입사한 것도 아니었다고 회상했다. 선배가 다니고 있던 직장을 우연히 소개받고 담임선생님과 부모님도 다녀 보라는 권유가 있어서 면접을 보고 그냥 다니기 시작했다. 비서라는 직업을 한 번도 생각해 본 적이 없었고 오히려 이공계열에 진학해서 금형설계를 하고 싶었다. 이렇게 한정은 씨는 우연한 계기로 현 직장의 비서직으로 처음 입사하게 되었지만, 현재까지 30년에 이르는 긴 시간 동안 한 직장에서 계속 비서직으로 근무하고 있는 그야말로 요즘 보기 드문 고경력 비서다.

한정은 씨는 비서 업무를 시작하고 나서도 회사에서 체계적인 비서교육을 받은 것은 아니었다. 입사교육을 따로 받는다든가 비서의 직무분석이나 업무체계가 명확히 이루어져 있는 것도 아니었다. 단지 선임 비서로부터 일을 분배받고 점차 배워 나가는 것이 직무교육의 전부였다. 그렇게 처음 교수사무실에 배치받아 팀 비서로 근무를 시작하여 의국이나 여러 교수사무실을 로테이션하며 근무했다. 현재는 어린이 병원 교수사무실에 10년 넘게 근무하고 있다.

이처럼 너무나 명백하게, 자신이 천직이라 여기고 어떠한 소신을 갖고 비서라는 직업을 선택한 것은 아니었고, 그냥 주변의 권유에 따라 직업에 대해 잘 알지 못하고 그 일을 시작했다. 분명 그 일에 대한 회의감도 있었을 것이고 이 길은 자신의 길이 아니라는 생각도 했을 것이다. 그러나 그는 잦은 이직과 경력의 전환이 당연시되는 현대사회에서 아직도 자신의 직무에 애정을 갖고 있다. 30년이라는 긴 시간 동안 자신의 일에서 성장과 발전을 이루어 내고 있다.

쉬지 않는 배움에의 열정

한정은 씨는 비서직으로 입사한 후에 사내에서 조직 차원의 교육을 전문적으로 받지 않았다. 하지만 개인적으로 계속 배움의 끈을 놓지 않았다. 이러한 배움에의 열정은 그가 자신의 직무를 지속해 나가도록 하는 원동력이 되었다. 더 나아가, 자신의 직무를 남들과는 조금이라도 다르게 수행할 수 있게 하는 큰 자산이 되기도 했다.

처음에는 회사에서 가까워 퇴근 후 다닐 수 있는 H전문대 전산과 야간과정에 입학했다. 복수전공으로 경영학과 과목을 함께 이수하던 중에 마케팅과 광고에 관심이 생기게 되었다. 그래서 이 학교를 졸업한 후에는 더 전문적으로 해당 분야를 공부하고 싶은 마음에 다시 대입 수학능력시험에 도전했다. 그리고 D대학교 광고학과에 입학했다. 광고학과 졸업 후에는 사람의 얼굴, 인상에 대해 공부하고자 하는 마음이 생겨 W대학교 얼굴경영학과 사이버 과정에 편입학하여 학업을 이어 갔다. 또한 2년 과정 중에 한국어문화과 복수전공을 통해 한국어교육 자격증도 이수했다. 그 이후에도 실무 경험과 더불어 이론적인 부분을 학습하여야겠다는 생각에 국제사무학 전공의 대학원 석사과정에 진학하여 비서 업무를 더욱 체계적이고 전문적으로 공부하며 발전시키고자 했다. 이렇듯 일을 하면서도 배움의 끈을 놓은 적이 없다. 학위를 따는 것에 만족하는 것이 아니라 진심으로 자신이 필요하다고 생각되는 것, 혹은 자신이 궁금하고 배워야겠다고 생각이 들면 바로 실행에 옮겼다.

저는 입사하면서부터 지금까지 계속 공부하면서 다닌 거였어요. 나 같은 경우는 궁금한 걸 계속 배운 거예요. 한 과정을 하고 나니깐 뭔가 다른 걸 더 해 봐도 될 것 같더라고요.

배움과 업무의 조화로운 확장

사람들은 대개 한 직장에서 십수 년간 일하게 되면 으레 타성에 젖게 마련이다. 자신이 하는 일에 지루함을 느끼거나 아니면 익숙한 편안함에 갇히는 경향이 있다. 그래서 새로운 방식으로 일하거나 업무가 확장되는 것에 거부감을 느낀다. 그러나 한정은 씨는 기존의 비서들이 하던 업무의 루틴이나 범위에 자신의 일을 한정짓지 않았다. 우리는 보통 자진해서 일을 더 만들어 내는 사람을 일컬어 '사서 고생한다.'라는 말을 하곤 한다. 이런 관점에서 본다면 한정은 씨는 '사서 고생을 자처하는 사람'이라고 할 수 있겠다.

한정은 씨는 자발적으로 배우고 학습했던 것들이 비서 업무를 수행하는 데 매우 도움이 되었다고 강조했다. 비서로서의 경력을 쌓아 가면서 학습을 통해 자신을 발전시켜 나가는 동시에 업무에 있어서도 자신의 영역을 조금씩 확장시켜 나갔다. 그럼으로써 자신의 전문성을 더해 갈 수 있었다. 광고학과에서 공부할 당시만 해도 비서직을 그만두고 전문적인 광고 분야로 나가고 싶은 생각도 들었다고 한다. 그러나 결국 비서로서 계속 경력을 유지하면서 공부하며 배웠던 지식을 자신의 일 안에서 적용하며 업무의 전문성과 영역을 넓혀 나갔다.

그 당시 병원들은 일반 기업과는 달리 광고나 홍보가 약한 편이었다. 한정은 씨는 자신이 근무하던 과의 홈페이지를 담당하는 일을 맡게 됐을 때 정보처리학과와 광고학과에서 배운 내용을 적극적으로 활용하여 적용했다. 전문적인 광고카피를 만들고 홍보의 효과

를 잘 보여 줄 수 있는 제목과 내용을 뽑아내는 등의 전문성을 발휘
했다. 그런 결과로 다른 과의 홈페이지와는 차별화된 성과를 만들어
냈다. 또한 교수들의 논문이나 학술대회 발표와 같은 업적을 체계적
으로 시스템화하고 연보를 만들어 관리하는 등 다른 과에서는 하지
않는 작업도 스스로 만들어 수행했다.

> 저 같은 경우는 교수님들 업적, 즉 논문을 낸다거나 학술대회 발표를 한다
> 거나 하는 것을 정리하고 연보를 작성하고 홈페이지 관리를 하는 일을 하
> 는 거예요. 그 부분에 있어서는 그 일을 맡은 사람이 처음부터 끝까지 다
> 가지고 가는 거기 때문에 그 일을 딱 끝을 낸다거나 뭔가 성과가 보이면
> 그게 보람이 있었던 거 같아요. 우리 과가 내과 다음으로 굉장히 논문을
> 많이 내는 과거든요. 내과는 교수님이 많기 때문에 많이 내는데 우리 과는
> 해외 논문을 많이 내는 과예요. 그런데 다른 과는 이렇게 논문을 정리하는
> 비서가 없어요. 광고가 결국은 남에게 홍보하고 자랑하는 거잖아요. 데이
> 터라는 게 정리를 해야 보여 줄 수 있는 거고, 보여 줘야만 알려지는 것
> 이기 때문에 뭔가 업적을 내라고 했을 때 각 교수들이 업적을 모아서 정리
> 해서 내려고 하면 너무 힘이 든단 말이에요. 근데 우리 과는 내가 1년 동
> 안 발표되는 논문을 계속 정리를 하고 그걸 또 연보를 만들고 이렇게 시
> 스템이 되어 있으니까 훨씬 다른 과보다 체계적으로 보일 수 있고, "아, 저
> 과에는 논문 관리하는 비서가 따로 있어." 이렇게 어느 과에서나 다 알게
> 되었죠.

> 좀 더 교수님들한테 스마트한 방법으로 서포트할 수 있는 방법이 있는데
> 도 불구하고 몰라서 못하는 사람들에게 알려 주고 싶은 생각이 있거든요.
> 저는 논문 관리하거나 정리하거나 하는 게 단순히 정리가 아니라, …… 의

사들은 연구하는 사람들이잖아요. 연구하는 사람들을 돕기 위해서는 연구가 어떤 건지를 알아야지 비서들이 보좌할 거 아니에요? 그렇게 되면 그 의학 분야에 SCI 분야가 무엇인지 그 연구와 관련된 지식들이 어떤 게 있는지를 알면 그분들이랑 일하기에 훨씬 좋거든요. 저는 공부해서 굉장히 보람 있었던 게 사실 돌아보니까 계속 공부했던 게 내가 비서 생활을 하는 데 도움이 되었구나 하고 느끼는 거예요.

또 다른 일례는 한정은 씨가 한국어문화과에서 학업을 하면서 한국어 교육 자격증을 취득했던 것을 매우 유용하게 활용할 수 있었던 경험이다. 병원에는 해외에서 연수를 위해 외국인 의사가 종종 방문하여 체류하곤 하는데 이들 중 언어문제로 고충을 겪었던 분이 있었다. 이때 한정은 씨는 자신의 전형적인 업무가 아니었음에도 이 분의 한국어 교육을 맡아 많은 도움을 준 경우가 있었다.

제가 공부해서 보람 있었던 것 중에 하나인데, 사실 돌아보니까 이때까지 공부했던 게 다 비서 생활을 하는 데 도움이 되었구나 하는 생각이 들어요. 복수전공을 해서 한국어 교원자격증 딴 것도 실은 제가 나중에 어디 봉사할 데 있을까 해서 한 건데 라오스에서 외국 선생님이 6개월을 연수를 왔어요. 이분이 한국어를 공부해서 왔는데 사실 잘 못하는 거예요. 그래서 우리 교수님이 제가 자격증 있는 걸 아시니까 한국어를 가르쳐 보라고 해서 했는데, 이 선생님이랑 한 달 했나 일주일에 두 번, 한 시간씩 했거든요. 한 달은 아무 말도 못했는데, 그다음에 공부 시작하고 좀 지나고 나니까 그 이후부터는 좀 말하려고 하고, 판독실에서도 말하려고 하고, 굉장히 활동적이 되는 거예요. 연수 기간 제일 마지막 시간에 자기가 어떻게 지냈는지 발표하는 시간이 있었어요. 마지막에 우리 병원에 왔던 선생님들 다 모여서 이야기하는 시간에 저한테 고맙다고 했다는 거예요. 저는 그 자리에 못 갔는데, 다른 과 교수님이 다 앉아 계시는데 갔다 와서 교수님이 다 얘기해 주시더라고요. 그때 굉장히 보람을 느꼈죠.

이렇게 자발적으로 이루어진 학습은 누구의 강요나 의무감으로 한 것이 아니라 전적으로 능동적이고 자기 주도적으로 이루어진 것이었다. 한정은 씨는 경력을 유지하면서도 지속적으로 학습하는 것에 대한 중요성을 강조했다. 점점 빠르게 변화하는 세상 속에서 뒤처지지 않으려면 그 속도에 맞춰 변화해 가야 하는데 그게 바로 끊임없는 배움의 자세라는 것이다.

체계적으로 뭔가 기본적으로 배우고 시작하면 좋은 점도 있기는 한데 또 매년마다 일이 바뀌어요. 같은 일을 해도 매년 담당자가 바뀌니까 달라지고, 작년에 했는데 감사를 했는데 이렇게 하면 안 된다더라 하면 또 바뀌게 되고, 또 여기는 국가에서 지원을 받는 기관이기 때문에 국가에서 정책이 바뀌어서 이렇게 해야 된다 하면 그게 하나 추가가 되고. 그래서 항상 배우려고 하는 노력을 멈추면 안 되는 것 같아요. 세상은 계속 변하잖아요. 시스템도 계속 바뀔 거거든요. 이걸 처음에 들어왔을 때 이렇게 배웠고 우리 학교에서 이렇게 가르쳐 줬으니까 요것만 가지고 평생 먹고 살아야지 이러면 살 수가 없어요.

일반적으로 비서의 업무는 상사의 지시에 따라 보좌하는 업무로 여겨지기 때문에 상사의 지시나 루틴한 관습을 따르는 모습을 보이는 게 비서들의 보편적인 경향이다. 그러나 한정은 씨는 주어진 지시나 환경에 수동적으로 따라가는 것이 아니라 스스로의 자발적인 배움을 통해 자신의 업무와 관련된 상황이나 환경을 스스로 넓히고 새로운 분야로 창조해 나가고자 했다. 장원섭(2015)은 장인들의 공통점이 자신의 기술을 최고 수준으로 숙련한 후, 자연스럽게 그것을 내적·외적으로 확장시키면서 그에 따른 학습이 이루어지고 새로운 창조력이 발휘되었다고 했다. 한정은 씨의 경우도 학습을 통해 새로운 지식을 습득하면 일에 적용하고 활용하고자 스스로 노력하였고, 이는 다시 일을 통해 또 다른 학습이 이루어지게 되어 끊임없는 배움과 발전의 선순환을 이루어 내었다. 일터에서 새로운 일을 마주했을 경우 거부감을 갖거나 두려워하지 않고 도전하며 배우고 성취하는 경험을 통해 일에서의 창조력을 높여 나갔다.

> 새롭고 안 해 본 거 맡았을 때 그런 게 보람인 거 같아요. 저는 그걸 좋아해요. 못하면 배우면 되고 물어보면 되는 거고, 한 번 해서 안 되면 두 번 하면 되는 거고 그러니까 별로 새로운 일을 맡았을 때 두렵거나 제가 이거를 100프로 잘해야 한다는 생각은 없거든요. 그래서 새로운 일이 자꾸 들어오죠.

내 스스로 일을 의미 있게 만든다

동기부여 전문가이자 세계적인 베스트셀러 작가인 마크 샌본(Mark Sanborn)은 그의 저서 『우체부 프레드(El Factor Fred)』에서 "세상에 중요하지 않은 일은 없다. 다만, 사람들이 그 일을 중요하지 않게 여길 뿐"이라고 했다. 한정은 씨는 비서로 오랫동안 재직하면서 전문대 비서학과 학생들이나 사회초년생 비서들을 만나게 될 기회들이 있었다. 그러면서 생각보다 많은 비서가 남을 보좌하는 자신의 위치나 일에 대해 회의감을 느끼고 있다는 것을 알게 되었다. 물론 한정은 씨는 자신의 위치에 대해 그런 생각을 전혀 가지지 않는다. 병원에서 비서직은 가장 낮은 직급에 해당하고 호봉이 올라가긴 하지만 승진은 없다. 그래서 병원 내에서의 호칭도 '미스 한' 또는 '한정은 씨'로 불린다. 그렇지만 그는 어떻게 불리는가가 중요한 게 아니라 어떠한 마음가짐을 가지고 자신의 직무를 수행해 가느냐가 더 중요한 것이라고 강조했다.

> 또 제 생각 중에 하나는 의사는 의사 일을 하는 거고 나는 내 비서 일을 하는 거라는 거예요. 그래서 절대로 누가 어떻게 부르는 거에 대해서 신경 쓸 것도 없고, 나는 나의 일만 열심히 하면 된다는 거죠. 상처받고 그럴 필요가 전혀 없다는 거예요. 그런 얘기를 후배들한테 해 줬었거든요. 그런데 비서들을 보면 약간 위치나 하는 일에 대해서 너무 사소한 일인 것 같고 그렇잖아요. 직급도 사실 남자 비서들 같은 경우에는 승진해서 올라가지만 우리 같은 경우는 승진하는 게 아니잖아요. 맨날 해도 그 자리거든요. 그러니까 다들 그런 거에 대해서 그렇게 속상해하고 그러는데, 그럴 필요는 없는 거 같아요. 비서를 계속하고 싶은 사람은 그냥 내 상사가 잘 되게 내가 보좌했을 때 잘 되면 거기서 보람을 얻고 그걸로 행복해하는 사람이 비서를 하면 되지, 내가 승진을 해서 부장이 되고 싶고 이사가 되고 싶고 남한테 그렇게 불리고 싶고 그런 욕심이 있으면 그렇게 승진을 할 수 있는 곳으로 가면 되거든요. 비서를 할 필요가 없어요.

후속 세대를 위한 고민과 계획

한정은 씨는 앞으로의 계획에 대해 개인적인 성공보다는 비서 공동체를 위해 일하고 싶다고 했다. 개인적 차원의 경력 성공이나 경력개발의 계획보다는 비서직을 희망하는 학생들이나 비서로 재직 중인 후배들을 위해 현재 비서직으로서 경력을 유지함에 있어서의 여러 어려움을 개선하고 이들을 도울 수 있는 일을 하고 싶다는 것이다. 전반적으로 부족하다고 여겨지는 전문비서 교육이라든지 비서의 고용 및 처우개선 등에 대해 깊게 고민하며 비서직의 발전을 위해 힘쓰고자 하는 의지를 보였다.

> 의료비서가 교육도 너무 약한데다가, 그리고 병원 비서들이 대부분 비정규직이에요. 이게 너무 속상한 거예요. 이것도 석사 시작하면서 알게 된 건데, 저는 우리 병원이 정규직이기 때문에, 다들 그 상태로 30년씩 다니고 있기 때문에 다른 병원도 다 그런 줄 알았어요. S병원, H병원이나 Y병원 등 제가 옛날부터 통화하던 언니들은 정규직이거든요. 근데 그 밑으로 들어온 친구들은 다 계약직이에요. 그리고 점점 더 계약직으로 변해 가고 있어요. Y병원에 있었던 후배를 만났었는데 자기의 속상한 얘기를 주욱 들어서 막 하는데 저도 너무 속상한 거예요. 전 다들 안 그런 줄 알았는데 그렇다는 걸 보니까 되게 속상하고. 너무 열심히 하고 너무 잘하는데 그런 것 때문에 그만두게 되고 그러는 게 안타까운 거예요. 그래서 어떻게 도와줄까 그런 생각을 좀 많이 했었어요. 내가 회사를 하나 만들어 볼까 하는 그런 생각도 했어요. 회사를 만들어서 의료비서들만 교육을 시켜서 파견을 보내는 거죠. 그렇게 하면 이 친구들이 심적으로 불안해하거나, 그 병원의 비정규직이라 힘들고 이런 건 없을 테니까.

한정은 씨는 현재까지 30년 동안 같은 직장에서 비서직을 수행해 오고 있다. 타성에 젖은 직장인의 모습으로서가 아니라 그 누구보다 자신의 자리에서 끊임없이 배우며 자신의 일을 발전시켜 나가려는 한결같은 모습으로 말이다. 잦은 이직과 경력전환이 너무도 당연시 되는 현대사회에서 특히 비서직으로서 이는 매우 드문 경우라 할 수 있다. 그는 개인적 차원의 목표만을 좇거나 자신의 안녕만을 추구 하기보다는 사회적 차원에서 나눔과 베푸는 가치를 실천하고 세대 잇기를 위해 노력하고자 한다. 이런 그의 모습은 일상과 매너리즘에 빠져 힘들어하는 현대사회의 많은 사람에게 작은 울림을 줄 수 있는 일상의 현대적 장인 그 자체라고 할 수 있을 것이다.

3. 프로페셔널한 전문비서의 귀감

조은영(가명) 씨는 외국계 금융회사의 은행장 비서다. 대학에서부 터 비서학을 전공하면서 프로페셔널한 전문비서를 꿈꿨다. 비서직 으로 국내 대기업에서 첫 직장생활을 시작한 이후 외국계 은행이나 증권사 등의 금융회사를 중심으로 지속적으로 경력을 전환하고 개 발해 나갔다. 이제는 베테랑 전문비서라고 할 수 있다. 그는 상사의 업무를 보좌하는 차원에서 벗어나 자신이 먼저 질문하고 상사의 스 타일에 맞게 업무를 제안하는 등의 적극적인 조력자이자 업무 파트 너로서의 출중한 능력을 키워 나갔다. 리더십&코칭 분야의 MBA 과 정을 마쳤고, 리더십 있는 적극적이고 다재다능한 비서로 업계에서 인정받아 2016년에 사단법인 한국비서협회에서 올해의 베스트 비 서상을 수여하기도 했다.

관습적 한계에 부딪혔던 첫 직장생활

조은영 씨는 대학에서 비서학을 전공했다. 원래는 영문과를 가고 싶었으나 전문적인 커리어를 꿈꾸며 비서학과를 선택했다. 영문과에서는 문학을 배우고 비서학과에 가면 실용 비즈니스 영어를 배울 수 있다는 선배의 이야기를 들었기 때문이다. 대학을 졸업하고는 1994년 국내 대기업인 S기업의 비서 전문직으로 처음 직장생활을 시작했다. 당시에는 어느 전공이든 여성들은 기업에서 비서직으로 처음 시작하는 경우가 많았다. 특히 졸업하던 해는 국내 대기업에서 처음으로 공채를 시작했는데, 조은영 씨는 친구의 권유로 함께 그 기업에 지원하게 되었다. 당시 조직의 전략적 차원으로 여성 인력을 개발해야 한다는 인식이 커져 가면서 비서 전문직의 경우도 영어 구두시험과 토론 등을 포함해 3차에 걸친 입사시험을 통해 신입 직원을 선발했다.

그러나 막상 업무에 배치를 받았을 때는 비서학과에서 배운 전문적인 업무 지식을 활용할 기회가 많지 않았다. 대기업이기 때문에 경비 처리는 회계팀에서 한다든지 일정 관리는 기획부서에서 관할하는 등 업무가 전문적으로 분산되어 있어서 비서만의 전문적인 직무가 없었다. 또한 우리나라에서는 당시까지 비서에게 전문적인 일을 맡겨도 되는 건지, 어떤 일까지 배정해야 되는지에 대한 아이디어도 전무했다. 따라서 그저 비서가 해야 하는 일은 자리를 비우지 않고 전화를 받고 응대하는 것이 가장 중요한 일이었다. 그는 프로페셔널하게 일하며 역량을 키워 나갈 수 있을 거라 꿈꿨던 학창시절의 이상과는 너무 괴리가 있는 현실에 좌절감을 느꼈고, 결국 회사를 그만두었다. 더 프로페셔널한 업무에서 자신의 능력을 발휘해 보고 싶었던 조은영 씨는 선배를 통해 외국계 금융회사에서 임시직을 제안받았다. 그러면서 더 전문적인 비서 업무를 경험하고 경력을 쌓아 나갈 수 있게 되었다.

> 외국계 회사는 근태 이런 것이 전혀 의미 없고 연말에 퍼포먼스로 평가받고 보너스를 받고 하는 시스템이었기 때문에 만약 제가 자리를 비우더라도 "왜 자리를 비웠어?"라고 말하는 사람들이 없었어요. 그런 문화가 좋았던 거 같아요. 조직문화도 덜 깍듯하게 해도 상관없고, 상사 자리에 의자가 2개 있었는데 그냥 나란히 앉아서 얘기하는 것을 듣고 적고 그러면 되었어요. 이전에 근무했던 국내 대기업에서는 상사가 눈을 마주칠 때까지 기다렸다가 눈을 마주치면 90도로 인사하고, 상사 방에 들어가서 서 있고, 뭘 적을 수도 없으니까 암기해서 나와야 하고 그런 문화였거든요.

이후에도 조은영 씨는 자신의 능력을 적극적으로 발휘할 수 있으며 좀 더 자유로운 문화의 외국계 기업이 자신의 적성에 더 맞는다고 생각했다. 이러한 외국계 기업을 중심으로 자신의 경력을 전환하고 개발해 나갔다.

내 업무 영역은 내가 어떻게 일하는가로 정해진다

조직 내 업무수행은 많은 제약이 따르지만, 특히 비서 직무는 그 중에서도 더 제한적일 수밖에 없다. 그러나 조은영 씨는 신입 비서들의 경우는 조금 힘들 수 있지만, 경륜이 쌓인 비서의 경우라면 상사를 위한, 또한 궁극적으로 조직을 위한 역량을 발휘할 수 있다고 강조했다. 상사도 비서와 정보를 공유하고 존중하며 신뢰하여야 업무의 시너지를 높일 수 있다고 말한다. 그는 상사의 일정이나 이메일과 정보를 모두 비서가 함께 공유하기 때문에 상사가 자리를 비웠을 경우 임기응변의 대처가 가능하다고 했다. 지시에 따르는 수동적인 자세로 일하거나 응대만을 기계적으로 하는 비서의 경우는 어떤 일을 언제 왜 해야 하는지 몰라 상사 부재 시나 긴박한 상황에 대처가 불가능하다. 그렇지만 모든 정보를 상사와 공유하고 일의 내용을 충분히 인지하고 있는 비서는 일의 확장 가능성이 무한히 커질 수 있다. 또한 조직의 문화나 역사를 잘 알고 있는 비서라면 새로운 상사를 모시게 되었을 때 상사가 새로운 조직에 빨리 적응하고 성과를 낼 수 있도록 가장 효과적인 도움을 줄 수 있다고도 했다.

> 저는 전임 행장님이 떠나시고 지금 행장님으로 바뀌면서 CEO로서의 네트워크를 하는 건 처음이잖아요. 그럼 제가 히스토리를 알고 하니까 "이런 건 이렇게 하세요." 등의 인수인계에 직접 도움을 줄 수 있었던 것 같아요.

> 제가 대학원을 다닐 때 들었던 건데 외부에서 영입한 임원들이 새로운 회사의 세틀다운에 영향을 가장 많이 미치는 게 '어떤 비서를 만나는가'라고 하더라고요. 비서가 매뉴얼, 분위기나 인사 정보라든지 누가 뭘 좋아하는지 등 다른 사람들이 알려 주지 않는 걸 알려 주니까요. 사람들이 항상 이성적으로 판단할 것 같지만 굉장히 감정적이잖아요? 그래서 상황적으로 어드바이스를 잘해 줄 수 있는 비서가 중요한 거죠.

조은영 씨는 적극적인 성격이라 지시가 없는 일들일 경우라도 먼저 질문하고 상사의 스타일에 맞게 먼저 제안함으로써 업무에 있어서 경계를 넓히고 창조해 나갔다. 상사가 필요로 할 법한 일들을 미리 생각하고 준비하고 제시하기도 함으로써 상사로부터 그 역량을 인정받고 상호 간의 신뢰를 쌓아 나갈 수 있었다.

> 저는 일하는 걸 별로 두려워하지 않았던 거 같아요. 비서 일은 사실 하려면 끝이 없고, 아무것도 안 하면 아무것도 안 할 수 있어요. 먼저 이메일을 보고 "이렇게 할까요?"라고 물어보기 시작하다 보면 결국 그게 제 일이 되더라고요. 메일을 보면 '어떻게 하실 거지?'라는 궁금증이 생겨 맨날 물어보는 거죠. 그래서 일이 늘어난 거 같고, 그 덕에 일을 많이 배운 거 같고, 그러다 보니 인정도 받는 거 같아요.

조은영 씨는 여러 기업에서 여러 상사를 보좌하는 경험을 하면서 코칭에 관심을 가지게 되었다. 그리고 긴 시간 비서로 근무하며 자신을 돌아볼 수 있는 시간을 가지고 싶었다. Y대 비학위과정으로 코칭에 대해 1년 과정을 수료한 후에는, K대에 있는 리더십&코칭 MBA과정에 진학하여 공부를 마쳤다.

> 비서로서의 경력이든 다른 분야로의 경력 변경 및 발전이든 학습은 중요하다고 생각해요. 새로운 변화와 그에 따른 업무 환경의 변화에 대해 이해하고 준비하는 데 도움이 될 뿐 아니라 자신의 현재 업무에 대해 검토도 할 수 있고, 새로운 시각을 가질 수 있는 계기도 되고, 향후 개인의 경력 발전에도 도움이 되는 거 같아요.

후속 세대를 위한 자신의 역할을 고민하다

성과주의가 만연한 조직 내에서 비서가 성과로 평가받고 승진하거나 포상을 받기엔 다소 힘들고 어려운 것이 사실이다. 아무래도 비서의 성과는 상사와 연관이 되어 있고, 상사에게 간접적으로 영향을 미칠 뿐 겉으로는 드러나지 않는 특성 때문이다. 이런 점 때문인지 조직 내에서 비서에게 높은 직급을 부여하는 건 쉽지 않은 경향이 있다. 승진의 제약은 조직의 문제이기도 하고, 비서라는 직무의 특성이라고도 할 수 있다. 조은영 씨도 이것이 비서직으로 경력을 지속적으로 유지하기 어려운 이유 중 하나로 꼽았다.

특히 비서직의 경우에 성차별적인 경향이 크다고 한다. 같은 비서직이라 해도 남성 비서는 승진이 가능할뿐더러 심지어 비서 경험이 오히려 승진의 발판이 되어 빠르게 승진하는 경향을 보이기도 한다. 그러나 이는 여성 비서에게는 해당되지 않는다고 했다. 경력이 많은 여성 비서의 경우는 승진이 막혀 있는 경우가 많다. 이런 성차별적 관행으로 인해 조은영 씨는 요즘 더욱 후속 세대의 비서들을 위한 고민이 이어졌다.

여기는 남자 비서실장이 있어요. 이분은 대외 수행비서를 하고 그런 분위기인데, 그분이 비서실장이고 임원실의 비서들을 모두 관장해요. 원래 남자들은 이 자리에 오면 쾌속 승진을 해요. 새로운 비서실장은 저랑 같은 직급인 차장인데 여섯 살이 어린 차장이에요. 그런데 다른 시중은행 비서실장들도 상대해야 하고, 나이 많은 여비서가 누르면 안 된다고 해서 이분을 갑자기 부부장으로 승진시킨 거죠. 저도 승진할 차례인데 그러니 전 계속 승진이 안 되는 거죠. 요즘은 '내가 투쟁해야 하나.' 그런 생각도 들어요. 맨 처음에는 저만 참으면 되지 싶었는데, 제 밑의 여비서들이 다 과장인데 그럼 그들을 올려 줄 수가 없고, 요즘 그래서 굉장히 고민이에요. 후배들을 생각하면 제가 치고 올라가야 하는데 은행 상황이 좋지 않아서 이제 승진은 없고 정체되어 있고, 신입행원도 안 뽑는 분위기이고요.

비서직의 특성상 발생하는 어려움이나 승진의 제한과 같은 한계점 등도 있지만, 조은영 씨는 개인적인 성공의 차원에 국한되지 않고 전문비서로서의 보다 넓은 차원의 경력개발 계획을 구상하고 있었다. 현재까지 비서직으로서 경력을 유지함에 있어 자신이 겪어 온 어려움을 비서로 재직 중인 후배들을 위해 개선하고자 했다. 자신이 공부하고 경험했던 것들을 활용하고 전해 주고픈 마음이 컸다. 특히 전문비서 교육이라든지 승진문제, 커리어 코칭 등에 대하여 고민하면서 비서직의 발전을 위해 힘쓰고자 하는 의지를 보였다.

저의 자산은 회사에서의 경력이랑 말을 잘하는 것이기 때문에 '비서 쪽 아니면 비서하는 사람들의 커리어 코칭을 해야 되나.' 하는 그런 생각을 했어요. 그래서 코칭MBA도 했었던 거고. 후배 비서들을 위한 커리어 코칭이나 멘토링이나 후학 양성을 위한 강의 이런 걸 생각하고 있는 거죠.

이렇듯 전문비서로서 탁월한 역량을 인정받은 조은영 씨는 사단법인 한국비서협회로부터 2016년 올해의 베스트 비서상을 수여받는 영광을 안았다. 현역으로 이렇게 오랫동안 비서직을 수행하는 사람이 많지 않아서 자신이 받은 것뿐이라는 겸손한 태도를 보였지만, 그가 그 누구보다도 프로페셔널한 전문비서의 귀감이 되리라는 것에는 의심의 여지가 없다.

4. 소결: 일에서 의미 있는 해방되기

직업세계로 발을 들여놓으면서 사람들은 자신의 인생 항로를 결정하는 데 매우 신중하다. 큰 동기부여가 되거나 특별히 의미 있는 일을 선택하고 그런 일을 해야만 한다고 생각하는 경우가 많다. 내가 좋아하고 잘할 수 있는 일 또는 적성에 맞는 일을 찾아야만 나에게 맞는 직업이라 여긴다. 그럴 때만 나의 모든 노력을 쏟아부어 행복하게 일할 수 있다고 생각하기도 한다. 그래서인지 특히 'MZ 세대'로 불리는 요즘 젊은 세대들은 엄청난 취업난을 뚫고 어렵게 들어간 직장을 아이러니하게도 너무나 쉽게 그만두는 경향이 커지고 있다. 더군다나, 실제로는 퇴사하지 않았으나 심리적으로는 그만둔 거나 마찬가지로 최소한의 업무만 수행하는 '조용한 사직(quiet quitting)'마저 퍼지고 있다. 그 주요한 이유 가운데 하나는 생각보다 자신이 하는 일이 너무 하찮게 여겨지기도 하고, 자신의 적성과 맞지 않는다고 생각하기 때문이다.

비서는 상사를 보좌하는 업무를 한다. 상사의 뒤에서 그림자와 같은 존재가 된다. 상사를 빛날 수 있게 도와야지 비서 자신이 빛나는 위치에 있을 수는 없다. 아무리 능력이 출중한 비서라 할지라도 본인의 유능함이 겉으로 드러나거나 스스로가 부각되어서는 바람직한 비서라고 할 수 없다. 앞서 소개한 전문비서직의 두 분은 자신이 그리고 자신의 노력이 직접 조명을 받지 못하는 일이라도, 그럼에도 불구하고 오랜 시간 자신의 맡은 바 업무를 누구보다 의미 있게 수행하고자 최선의 노력을 다했다. 그런 결과로 차별화된 비서 상을 만들어 가고 있었다. 가히 현대적 장인이라 칭할 수 있겠다.

이는 자신의 일에 부여하는 주관적 의미에 따라 도출된 차이라고 볼 수 있다. 의미 있게 일하다 보면 더욱 가치 있는 성과를 낼 수 있게 되고, 결과적으로 스스로도 가치 있는 인재가 되어 갈 수 있다. 나에게 주어진 일을 의미 있게 최고로 해내겠다는 자세로 일하는 개인이 점점 더 늘어난다면 그들이 속한 조직, 더 나아가 우리 사회공동체는 점점 긍정적인 방향으로 나아갈 수 있을 것이다.

이제 다시 한 번 자기 자신에 대해 돌아볼 때다. 이 일은 내가 좋아하지도 소중하지도 않다고 여기며 그저 무사안일한 태도로 일관하고 있지는 않은가? 여기는 내가 있을 곳이 아니라고 여기며 조금이라도 월급을 많이 주는 회사를 찾아 여기저기 기웃거리고 있는 건 아닌가? 어떻게든 일은 안 하거나 최소한만 하면서 편히 먹고 살려고 이리저리 약삭빠르게 돈벌이하러 방황하고 있지는 않나? 다른 데서 삶의 의미를 찾아 배회하면서 삶이 무료하고 허무하다고 매일같이 읊조리지만 말고, 지금 나에게 부여된 이 일이 누군가에게는 도움을 주어 감사받을 만한 일이라는 걸 한 번 깊이 생각해 보자. 그러면 내 일이 얼마나 소중하고 보람된 일인지를 발견할 수 있을 것이다.

일에서 해방되어 자유로워지는 건 단지 퇴근이나 휴가를 통해 얻어지는 게 아니다. 그건 업무에서, 그리고 회사에서 잠시 도피해 있는 것일 뿐이다. 다음 날이면 또는 휴가가 끝나면 다시 그 일로 돌아와야 하기 때문이다. 진정한 해방은 오히려 자기 일을 자신이 주도적으로 해낼 수 있는 전문적인 역량을 가질 때 가능하다. 상사의 지시에 일방적으로 따르기보다는 자신의 전문성을 바탕으로 업무 파트너가 되어 스스로 의미 있게 만들어 낸 두 분의 전문비서가 그랬던 것처럼 말이다.

제**6**장
우연을 필연으로 만들어 가는
영업 초기 경력자*

1. 영업직의 일의 세계

채용공고를 낼 때 회사는 각 직무 분야별로 '지원 자격'을 명시한다. IT, 재무, 기획, 마케팅, 홍보, 생산, R&D 등은 많은 경우에 중요 자격 요건 중 하나로 해당 분야의 전공자 또는 경력자로 한정하여 공고한다. 하지만 영업 직무는 '전공 무관'인 경우가 대부분이다. 이는 크게 두 가지 의미로 받아들일 수 있다.

첫째, 영업은 누구나 마음먹으면 할 수 있다는 전제다. 실제로 많은 영업직 신입사원들은 이런 생각으로 영업직을 선택한다. 어쩌면, 어쨌든 취업해야 하니까 무작정 지원하는 걸지도 모르겠다. 상대적으로 문호가 개방된 직무니까 영업직에 도전하여 입문하지만, 신입사원들은 시간이 지날수록 실망과 좌절을 겪기도 한다.

둘째, 영업직이 전공 무관이라는 의미는 그만큼 시장의 전체적인 흐름을 파악하는 능력을 전제한다는 것이기도 하다. 정치, 경제, 사회, 문화 등 다양한 분야에 대한 이해력을 가져야 한다고 해석될 수 있다. 많은 기업이 이런 이유로 영업직을 전공과는 무관하게 공고하고, 그 조건에 부합한 인재를 채용하길 바란다.

학창 시절부터 영업직을 목표로 삼는 사람을 찾아보는 건 쉽지 않다. 주위 사람들로부터의 취업 축하를 받는 자리에서도 "그래서 직종이 뭐야?"라는 질문에 "영업직"이라고 대답하면 뭔지 모를 불편한 기류가 감지되기도 한다. 그런 불편함은 대답하는 사람이나 질문한 사람 모두에게 마찬가지다. 영업직이 힘든 직종이라는 사회적 인식은 여전해 보인다.

하지만 전공 무관 영업직은 점점 더 깊고 단단한 전문성이 요구되고 있다. 해당 산업에 대한 전문지식뿐만 아니라 사람을 이해하고 공감할 수 있는 감성적 전문성까지 필요하다. 과거의 인식과는 달리 강한 성장 의지와 노력이 있어야만 최고가 될 수 있는 힘든 길에 접어든 것이다.

이 장에서 살펴볼 사무기 A 기업의 영업직에서 일하는 5명의 초기 경력자는 전공도, 입문 배경도, 영업직에 대한 생각도 저마다 달랐다. 하지만 그들은 모두 성장에의 강한 의지를 바탕으로 폭넓게 학습했다. 때론 좌절하더라도 이를 극복하면서 자신의 일에 대한 의미를 찾으며 장인을 향한 길을 달려가고 있었다.

2. 우연의 가능성

이 장에서 살펴볼 5명의 영업직 초기 경력자의 전공은 모두 달랐다. 이들이 영업직을 선택하게 된 직·간접적인 이유로는 부모님의 영향, 막연한 기대감, 어쩔 수 없다고 느낀 현실적인 환경 등 다양한 요인이 작용했다.

　석근영(가명) 씨는 아버지가 영업 분야에서 임원 생활까지 하는 모습을 보며 영업에 대한 긍정적인 생각을 가지고 있었다. '국제통상'을 전공하고 진입 폭이 넓은 영업 쪽을 선택했다.

> 저는 아버지의 영향이 좀 컸습니다. 저희 아버지도 회사생활의 첫 스타트는 일반 사무직이셨는데 계속 진급하시면서 영업 쪽으로 회사의 임원 생활을 계속하시게 되고 그러면서 영업 쪽이 제 특별한 기술이나 이공계 전공이 아니다 보니까 영업 쪽으로 가는 게, 이제 좀 어떻게 보면 일반적인 상황에서는 가장 커리어 쪽으로는 좋을 수 있겠다는 생각을 하게 돼서 영업직에 지원했습니다.
>
> —석근영

　임현석(가명) 씨는 대조적으로 부모님이 살아온 평범한 모습과는 반대로 살고 싶어서 영업직을 선택했다. 영업 일이 자신이 추구하는 주도성과 활동성을 실현할 수 있다고 여겼기 때문이었다.

> 부모님이 너무 평범하게 지금도 회사생활을 잘하고 계시지만 부모님은 항상 성실하면서, 활기차게 뭔가 회사에서 이렇게 주도적으로 하시는 분위기는 아니고 그냥 성실히 묵묵히 본인의 일을 하시는 스타일이다 보니 저는 그걸 좀 깨고 싶었습니다.
>
> —임현석

　박정훈(가명) 씨는 영업에 대한 막연한 자신감을 가지고 영업직을 선택했다. 이는 자신의 전공인 '토목환경'에 대한 관심도가 떨어지면서 현실적인 결정을 한 것이었다.

> 솔직하게 얼마나 할지는 모르지만 앞으로 더 꾸준히 평생 할 수 있는 직종
> 이지만 일단은 영업이라는 직종에 부딪혀서 제 스스로를 또 이렇게 단련
> 도 하고 발전시키고 싶었습니다.
>
> ―박정훈

한석준(가명) 씨는 현실적인 조건을 고려한 결정이라고 솔직히 말했다. 자신이 처한 현실에서 영업이라는 일에 대해 긍정적인 생각을 가지고 부딪쳐 보고자 했다.

> 조건 자체가 어문계 전공을 하다 보니까 영업으로 진출하는 것이 일반적
> 으로 인식되는 사회적 흐름이 강했습니다. 그래서 당연히 그런 흐름에 맞
> 춰서 저도 생각하다 보니까…… 저는 무조건 영업을 해야겠다고 생각했습
> 니다.
>
> ―한석준

고석택(가명) 씨는 자신의 전공을 살려서 전산 직종으로 지원했으나 채용 당시 회사에서 영업직으로 권유했고 아버지의 조언도 있어서 영업직을 결심했다. 이는 사무기 영업 분야에서 전공지식을 살릴 수 있는 방법이기도 했다.

> 전산으로 실제로 지원을 했는데 합격자 발표 전날에 따로 연락을 받았습
> 니다. 재면접 대상자라고 해서…… 사실 영업에 대해서 어떻게 생각하느
> 냐, 영업 직종으로 갈 생각은 있느냐는 질문을 받았는데 전혀 생각지도 않

은 질문이었습니다. ……(중략)…… 아버지가 인생 선배로서 어떻게 보면 조언을 해 주실 수 있을 것 같아서 얘기를 했더니, 당연히 저는 전공인 쪽으로 가라고 해 주실 줄 알았는데…… 살면서 처음으로 그때 이야기한 게 그러면 영업을 가라고 하셨는데 그 부분이 어떻게 보면 인생 선배로서 선택의 기로에서 그런 이야기를 하시니까 '아, 뭔가 이유가 있나 보다.'라는 생각이 들어서 결심했습니다.

—고석택

통상적으로 영업직 사원을 선발하는 과정에서는 전공보다는 그 사람의 성향과 영업에 대한 의지를 더 중요하게 여기는 경향이 있다. 하지만 사무기 기술 영업의 특성상 전공도 어느 정도 고려한다. 시장의 흐름이 단순히 아이템을 판매하는 영업을 넘어 IT와 네트워크를 기반으로 하는 솔루션 영업으로 전환하고 있기 때문이다. 따라서 전공은 영업직에서도 초기 적응에 중요한 요소로 작용할 수 있다.

이들은 영업직을 선택한 후 자신이 공부해 왔던 전공에 대해서 큰 미련을 보이지는 않았다. 전공보다는 오히려 자신의 영업 분야에 대한 학습의 필요성을 느꼈다. 무엇보다, 영업에 임하는 태도와 마인드가 가장 중요하다고 인식했다.

영업 직종에서만큼은 전공이 상관없다고 생각합니다. 영업에서는 태도가 가장 중요하고 생각합니다. 성실한 태도로 고객을 대하고 업무에 임한다면 당연히 성과가 찾아온다고 생각합니다.

—박정훈

영업 직무를 수행하는 데 있어 전공지식에 대한 영향력은 약간 있을 것 같습니다. 하지만 대부분의 고객이 기능 중심으로 궁금해하기 때문에 영향력이 크지는 않을 것 같습니다. '전공 무관'이라는 것은 현실적인 사항이 반영되어 있다고 생각합니다.

—석근영

영업은 전공 무관이지만, 영업을 함에 있어 본인의 전공을 극대화할 수 있는 부분은 분명히 중요하다고 생각합니다. 만약 영업 직무를 수행하면서 더 공부해 보고 싶은 영역이 있다면 전산적인 부분과 심리학적인 부분이 크다고 생각합니다.

—고석택

영업은 기술적인 부분보다는 세심함, 성실함 등 사람의 성품이 결과에 더 많은 영향을 끼친다고 생각합니다. 물론 상품지식, 화법, 대인관계도 매우 중요하지만, 본인이 call(방문)에 대한 부담감, 불성실, 신뢰를 주지 못하는 성품을 지닌 사람이라면 어떤 스킬을 갖추고 있다 한들 좋은 결과를 내지 못할 것이라고 생각하기 때문입니다.

—한준석

물론 고석택 씨의 경우는 영업할 제품과 시장의 특성을 반영하여 기술 영업을 하면서 자신의 전공을 적극적으로 활용했다. 스스로 전공 연동성과 확장성에 대해 크게 인지하기도 했다.

저는 컴퓨터 소프트웨어를 전공했기에 사무기 영업을 함에 있어서 전공지식이 많은 도움이 된다고 생각합니다. 하지만 주위 동료, 선후배님들을 보았을 때 전공지식이 필수조건은 아니라고 생각합니다. 누구든 들어와서 업무에 대한 열의가 있고 유관부서와 커뮤니케이션을 잘할 수 있다면 충분히 터득할 수 있는 부분이라고 생각합니다. 하지만 저는 전공 분야를 좀 더 심도 있게 공부해 보고 싶다는 생각이 큽니다.

—고석택

이들이 영업직을 선택한 결정적인 계기에는 A 기업의 특성이 작용했다. 이 회사는 영업 업무 유형, 경제적 충족 가능성, 영업 교육 등 여러 측면에서 사회적으로 알려진 평판이 있었다.

박정훈 씨는 B2B 영업을 우선으로 고려했는데, A 기업이 가진 B2B 영업 명성이 큰 요인으로 작용했다. 임현석 씨는 B2B 영업으로 특화된 A 기업에 대한 지인의 추천이 있었다.

A 기업 하면 제가 당시 입사할 때 떠올렸던 게 B2B 영업이었습니다. 그때 그런 영업적인 측면이 ⋯⋯(중략)⋯⋯ 제 스스로가 인맥적인 부분을 떠나서 제 스스로의 영업력을 가장 잘 나타낼 수 있고 보여 줄 수 있는 게 B2B 영업 또 A 기업이라고 생각했습니다.

—박정훈

추천을 해 주셨던 분이 있으셨는데, 의류회사 벤더를 하는 대표님이셨어요. 그분이 A 기업 법인 영업이 괜찮다, 완전히 영업의 FM을 배울 수 있을 거라고 말씀을 해 주셨습니다.

—임현석

한준석 씨는 영업 직무에 진입하기에 앞서 영업을 제대로 배우고자 하는 마음으로 A 기업을 선택했다.

A 기업의 채용공고를 보고 입사 지원하기 전에 조사했을 때 영업 사관학교라고 불릴 정도로 자부심을 갖고 있다는 그런 정보를 보고 이왕 할 거면 어차피 사회생활인데 빡세게 배워 놓는 게 좋지 않나 생각했습니다.

—한준석

석근영 씨는 조직에 대한 평판도 고려하긴 했지만, 그보다는 지원했던 여러 회사 중에서 임금 수준과 영업 직무만 생각하면서 A 기업에 들어왔다.

리얼하게 말씀드리면 제가 기본적으로 취업 준비를 할 때 9개 정도 회사에 원서를 넣었는데 그 9개 회사의 공통된 기준은 제가 생각하는 초봉 수준이 있고 그다음에 영업직을 뽑고 그 2개가 좀 컸습니다. 그다음에 이제 좀 어떻게 보면 영업 직무에 있어서 평이 좀 괜찮은…… 그 세 가지였는데 그래서 저는 그 회사들을 쓸 때 어디라도 붙으면 간다라는 생각이 있었습니다.

—석근영

영업직 신입사원의 입문 스토리를 살펴보면, 영업직이 우연적 입문의 대표 직군임을 알 수 있다. 그만큼 문호가 열려 있기 때문이다. 그러나 그런 우연을 어떻게 받아들이고 대처하는가에 따라 영업직으로의 우연한 입문은 새로운 성장 가능성으로 이어지고 장인의 경지로 이끄는 필연의 길로 나아갈 수도 있다. 그 가능성은 매 순간 자신에게 주어진 일에 대한 태도와 자신이 처한 환경의 여러 요소에 대한 진정성 있는 접근이 쌓여 가는 과정에서 커지게 된다.

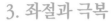

3. 좌절과 극복

회사에 막 입사한 신입사원은 큰 기대감과 자신감을 갖는다. 그들은 조직에서 제공하는 공식 교육뿐만 아니라 비공식 학습에도 매우 적극적이고 능동적으로 참여한다. 하지만 이내 업무 현장에서 현실의 벽에 부딪혀 좌절을 경험하는 경우가 많다. 물론 그 좌절의 체감 정도가 사람에 따라 다르게 나타나긴 하지만, 대체로 영업직은 그 정도가 심한 편이다.

아직도 존재하고 있는 영업직에 대한 사회적 편견으로 인해 자신의 선택을 후회하는 경우도 있다. 시간이 흐를수록 조직 내 영업 업무 시스템에서 아쉬움을 느끼기도 한다. 특히 영업력과는 별개의 시장 상황 같은 변수로 인해 자신이 장기간 노력한 것과는 다른, 뜻하지 않은 실패에서 오는 좌절감은 매우 크다.

후회했던 적은 아무래도 일단은 영업이라는 직무가 일반적으로 긍정적인 부분보다 부정적인 부분이 있는 게 일단 어른들이 생각하기에도 그렇고 현실을 냉정하게 봤을 때 부정적인 부분이 많은데……. 간단하게 예를 들면, 고객이 너무 대놓고 무시를 한다든가, 아니면 영업이라는 것도 어떻게 보면 하나의 전문성이 있은 직종이라고 볼 수도 있는 건데 단순 판매원 같은 그런 취급을 당했을 때…….

–한준석

가장 최근에는 대형 입찰 건이 있었는데 연차가 얼마 안 됐음에도 불구하고 진행을 하게 됐습니다. 가장 스트레스 받았던 것은 입찰이 됐음에도 불구하고 약간 내부적으로 문제가 터지고 외부적으로도 입찰 과정에서 문제가 터졌는데 그 부분을 해결해 나가는 과정에서 답이 없는, 조직 시스템의 구조상 제가 어찌할 수 없는 상황에서 스트레스를 굉장히 많이 받았습니다.

—임현석

후회한 적이 있습니다. 그러니까 작년 말에 있었던 일이기는 한데 거의 1년 동안 이제 모든 열과 정성을 다해 입찰 준비 등 계약을 다시 체결하려는 노력을 하고 담당자들과 많이 친해지고 했는데 이게 결국은 그런 실무적인 논리를 벗어난 다른 것으로 인해 계약 자체를 의도했던 대로 체결을 하지 못했을 때, 그때 한계도 좀 느끼고 뭔가 '내가 여태까지 뭐 한 거지?'라는 생각이 들면서 '어쩔 수 없는 건가? 내가 여기에 왜 있지?' 그때 약간 그런 걸 좀 느꼈습니다.

—석근영

실제로 조직 내외의 여러 상황 변수가 신입사원들의 성장 의지에 많은 영향을 주기도 한다. 영업직의 경우 회사의 영업 정책, 경쟁사의 상태, 고객사의 상황 등에 따라 좌절도 하고 성공도 하는 경험을 하기도 한다. 그러나 무엇보다 가장 중요한 요인으로는 주변의 사람들인 경우가 많았다. 좌절한 경우에도 이들은 아직 배우는 단계라는 긍정적인 마음으로 여러 어려움을 극복하려는 모습을 보이고 있었는데, 여기에는 관리자와 선배들의 조언과 격려, 그리고 신뢰가 크게 작용했다.

아무래도 제가 경력이 짧다 보니 고객사나 무슨 요청이 들어왔을 때 이걸

어떻게 대응해야 하나, 아니면 어떤 방향을 가지고 제안을 해야 하나 많은
고민을 하지만 답을 찾지 못할 때가 많았는데 그 부분에 대해 업무적인 스
킬뿐만 아니라, 다른 부서와의 협업, 그리고 심적인 안정감을 통해 부담감
을 덜어 주시는 팀장님 덕분에 많은 도움을 받았습니다. 팀장님뿐만 아니
라 몇몇 선배도 그러한 도움을 주었기에 지금의 제가 있다고 생각하며 앞
으로 후배들을 대하는 저의 모습을 다짐해 보기도 합니다.

−박정훈

A 기업의 영업직 관리자인 지사장의 다음과 같은 말을 통해 관리
자가 멘토로서 조직에서 중요한 역할을 하면서 초기 경력자들에게
미치는 영향력이 얼마나 큰지를 알 수 있다.

물론 저도 직장생활을 영위하면서 가정생활도 하고 좋은 아빠도 되고 좋
은 아들의 모습을 하는 것도 하나의 목표이지만 또 하나는 저와 함께 동
고동락하고 있는 저희 직원들이 성장해 갈 수 있게끔 도와주는 것, 어쩌면
직장생활에서 가장 중요한 역할이 아닌가 싶습니다. 인생의 선배로서 우
리 직원들의 장점을 더 내가 살피고 그 장점들을 활용할 수 있는 방법, 몰
랐던 자신의 모습들을 통해 실수를 하지 않게끔 도와주는 것이 지사장으
로서의 가장 의미 있는 역할이라고 생각합니다.

4. 배움의 확장

초기 경력자들은 아직 일에 숙련되었다고 보기는 어렵다. 하지만
이들은 일을 더 잘하기 위해 학습을 게을리하지 않았다. 숙련되게 일

하기 위해 노력하고 있는 모습을 보였다. 현재의 일에 집중한 후, 점차 일의 범위를 넓히려는 의지도 엿볼 수 있었다. 구체적으로, 일을 하면서 이와 관련된 여러 방면으로 배움을 확장할 필요성을 느끼고 있었다. 그럼으로써 지금 하는 일을 더욱 잘 해낼 수 있다고 생각했다.

석근영 씨는 자신이 하는 일의 경험을 통해 새로운 것을 시도하려 했다. 다른 분야의 영업사원들과의 교류도 시도하면서 영업에 대한 시야를 확장하고자 노력했다.

> 저의 경우 아직 경력이 많이 짧기에 기본적인 영업을 더 다지는 데 노력하고자 합니다. 또한 기존 관리방법, 기존 영업방법과 다른 방법은 없는지에 대해 많이 고민하려 하고 있습니다. 특별한 계획을 갖고 있지는 않으나 거래처를 돌아다니며 만나는 사람들에게 많은 이야기를 듣고, 다른 분야의 영업사원들은 어떻게 영업하는지에 대해 물어보며 좀 더 발전할 수 있는 점들을 찾고자 합니다.
>
> —석근영

한준석 씨는 사무기 영업 분야 외에도 다양한 분야의 관심을 통해 고객과의 관계를 형성하려고 노력했다. 항상 새로운 분야에 대한 도전을 준비하고 있는 모습이었다.

> 많은 담당자를 만나면서 그 사람들의 장점을 배우고자 노력하고 있으며, 사람들의 관심사, 취미 등에도 관심을 가지고 있습니다. 영업적으로는 팀장, 선배에게 많은 조언을 구하며 경험하고 있습니다. 앞으로는 시간을 쪼개어 사람들의 관심 분야, 저에게는 새로운 분야에 도전하고 배우고 싶습니다.
>
> —한준석

이들은 회사와 일에 적응하기 위해 다양한 경로의 학습을 하고 있었다. 조직사회화의 과정에서 경험하고 있는 직·간접적인 학습은 영업 업무를 수행하는 데 크게 작용한다. 또한 조직의 일원으로 성장하기 위한 중요한 수단이기도 하다. 이러한 학습의 중심에는 조직 차원에서 제공하는 공식 교육도 상당히 영향력을 발휘한다. 하지만 영업직이라는 특성상 선배로부터 살아 있는 경험과 노하우를 전수받는 학습이 더욱 크게 남는다. 이를 기반으로 신입 영업사원들은 그들만의 또 다른 경험과 업무방식을 구축해 나간다. 결국, 업무에서의 성공과 지속적인 성장을 위한 강한 의지를 가지고 배움을 계속 이어 가는 모습을 볼 수 있다.

> 영업이라는 게 선배들한테 배우고 그것을 내 것으로 만들어 가는 과정이라고 생각합니다. 정말 아무것도 주어지지 않은 상태에서 제가 영업 신입 교육이나 이런 게 굉장히 좋았던 게 뭐냐면 교육 중 여러 선배님을 만나면서 그 선배님들이 어떠한 식으로 자신들이 성장했는지 그런 것들을 이야기로 들려주신 것만으로도 굉장히 큰 도움이 됐기 때문에 저도 나중에 그런 선배가 되기 위해 지금 계속 제가 만났던 분들, 아니면 제가 영업을 했던 자료들을 계속 꾸준히 모으고 있습니다.
>
> —박정훈

배움을 넓히고 이어 가려는 노력은 성공을 위한 요소임에 틀림없다. 이와 동시에, 그것은 향후 조직 내에서 최고의 전문가로 성장하여 널리 가르침을 베푸는 역할을 하기 위한 목표이기도 했다.

임현석 씨는 조직 내부뿐만 아니라 외부적으로도 자신의 분야에서 최고가 되는 것을 꿈꾸고 있었다. 이를 통해 앞으로 배움을 나눠

주는 역할을 하겠다는 포부를 밝혔다.

> 신사업 팀 팀원으로서 신사업 산업에 대한 지식을 쌓고 이를 내부 조직
> 을 위해 전달 및 교육하는 전문가가 되고 싶습니다. 신사업 하면 내부적
> 은 물론이고 영업의 외부적인 현장에서도 제가 가장 먼저 떠오르는 그런
> 사람이 되고 싶습니다. 이러한 모습을 위해 지금의 영업 분야뿐만 아니라
> 새로운 아이템에 대한 독보적인 일인자가 되기 위해 여러 노력을 하고 있
> 습니다.
>
> —임현석

5. 소결: 장인도 처음엔 초보였다

누구나 어떤 일에 입문하는 처음 시작점이 있다. 그 누구도 처음
부터 그 일을 높은 수준의 숙련도와 전문성을 가지고 수행하지는 못
한다. 하지만 일을 대하는 태도와 마음가짐은 천차만별이다. 그래
서 회사에서는 신입사원들이 일과 조직에 대한 긍정적인 태도를 형
성하도록 많은 투자를 한다. 이는 궁극적으로 조직과 일에 입문한
초기 경력자들의 장인성 형성을 위한 초기 단계의 노력이라고 할 수
있다.

신입사원들이 일에 입문하는 시점부터 어떠한 마음과 자세로 자
신의 일에 대한 의미를 부여하고 일 자체에서 재미와 보람을 느끼느
냐는 장인성 형성의 첫 단추인 셈이다. 초기 경력 시절 자신의 일에
대한 열의와 성장에의 의지를 가질 때 그들은 누구나 그 분야 최고
의 장인이 될 수 있는 잠재적 가능성을 높일 수 있다.

장인성의 여러 요소 중 가장 전제가 되는 요소는 '성장하려는 의지'를 갖는 것이다. 물론 처음 일에 입문하여 최고의 위치에 이르기까지는 혹독한 과정을 거치게 된다. 일을 처음 시작할 때 갖는 의욕이 큰 만큼 좌절도 크게 겪을지 모른다. 그럼에도 불구하고, 최고의 위치까지 오르려면 불굴의 의지로 그런 좌절을 극복해 내야만 한다. 우연한 계기였든 또는 계획된 경우였든 상관없이, 자신에게 지금 주어진 기회를 놓치지 말고 살려 내야만 한다.

이 장에서 살펴본 사무기 영업직 초기 경력자들 역시 다양한 좌절과 극복의 과정 속에서도 자신의 전문성과 숙련도 향상의 필요성을 강하게 느끼고 있었다. 자신의 업무를 더 잘 해내기 위해 스스로 구체적인 행동양식을 수립하고 배움을 확장해 나갔다. 이를 통해 조직에서의 올바른 역할과 태도를 확립해 나가고 있었다. 결국, 차곡차곡 장인성을 쌓아 올려 가면서 그 분야 최고의 장인으로 성장할 가능성을 보여 주고 있었다.

근래 들어 많은 회사가 신입사원보다는 경력사원을 선호하는 추세다. 경영환경이 더욱 치열해지는 상황에서 더 빠르게 성과를 내야 하기 때문이다. 그러나 단기적인 효율을 위해 장기적인 관점에서의 영속성의 토대를 허물어서는 곤란하다. 초기 경력자들을 최고의 장인으로 성장시켜 조직의 견고한 밑거름이 될 수 있도록 노력하지 않는다면 그 조직의 생명은 오래가지 못할 것이다. 조직에서의 공식적 교육과 비공식적 학습 경험은 모두 초기 경력자들이 조직에 적응하고 성장하는 데 중요한 기반이 된다. 이들을 현장 전문가로 육성하는 교육적·제도적 시스템을 구축하여야 한다.

장인도 모두 한때는 초보였다. 우리 일터에는 각 분야에서 본보기가 될 만한 수많은 장인으로 인해 어려운 위기 속에서도 굳건히 앞으로 나아가고 있다. 장인의 길에서 출발점에 서 있는 신입사원들에게 성장의 기회를 주지 않고 그들의 성장 의지를 외면한다면 우리 사회의 앞날은 밝지 못하다. 이들이 각자가 향하는 정상을 설정하고 그 정상에 도달하기 위해 한 걸음 한 걸음 나아갈 수 있도록 해야 한다. 일에 대한 보람과 재미를 찾으면서 자신만의 고유한 일의 리듬을 형성해 갈 수 있도록 해야 한다. 숙련의 수준을 높여 가며 일의 범위를 확장할 수 있도록 해야 한다. 그럼으로써 최고의 경지에 오른 장인의 삶을 향하는 첫걸음을 힘차게 내디딜 수 있도록 해야 한다.

제**7**장
일의 해방자 영업 우수 성과자*

1. B2B 영업직의 일의 세계

우리가 사는 세상에는 수많은 기업이 존재한다. 기업의 생명은 어찌 보면 사람의 인생과 닮아 있다. 큰 포부를 갖고 새롭게 태어나는 기업과 그 수명을 다하여 폐업하는 기업이 인생의 갈림길처럼 수시로 교차한다. 기업은 생존을 유지하고 보다 더 성장하기 위한 자양분으로서 이윤을 추구한다. 이윤을 얻기 위하여 고객을 분석하고 그에 맞는 상품과 서비스를 생산하여 영업을 통해 고객의 구매를 이끌어 낸다. 특히 최근에는 급속한 기술의 발전과 경제의 저성장으로 인해 기업 간 시장점유율 경쟁이 심화하고 있고, 소비자가 구매를 위한 많은 정보를 확보하고 있어서 상황이 녹록치 않다. 이러한 상황에서 영업사원의 역할과 중요성은 그 어느 때보다 커지고 있다.

영업 직무는 금융, 제조, 건설, 서비스, 식품, 여행 등 전 산업 분야에 걸쳐 이루어지기 때문에 상당히 광범위하다. 영업의 종류를 구분할 때 기준으로 두는 것이 '영업담당자가 만나는 고객이 누구인가'

다. 이에 따라 크게 B2B 영업과 B2C 영업으로 나뉜다. B2B 영업은 조직에 속한 고객인 기업, 공공기관, 학교, 특정 단체를 대상으로 한다. 예를 들면, 고객사 부서별로 설치할 수십 대의 복합기를 일괄 구매하기 위해 업체를 선정하거나 회사 통신 기반 시설을 통합 구매하는 사업이 이에 속한다. 따라서 사업 규모와 구매 비용이 크다 보니 구매 결정이 구매 실무자에서 끝나는 것이 아니라 팀장, 임원, 최고 경영자에 이르기까지 복잡하고 긴 절차를 거치게 된다. 구매 결정 기간이 긴 만큼 영업에 공을 들이는 기간도 길 수밖에 없다. B2C 영업은 구매 주체가 개인이기 때문에 구매 과정이 단순하고 고객의 판단에 따라 빠르게 구매 결정이 이루어진다. 예를 들면, 개인이 보험 상품을 구매하거나 자동차를 구매할 때가 이에 해당된다.

영업에서 중요한 것은, 종류와 상관없이 그 추구하는 가치와 본질은 동일하다는 것이다. 고객이 표현하는 요구(needs)와 고객 마음속에 감춰진 욕구(wants)를 파악하여 효과적으로 대응하는 것이 영업이다. 따라서 영업사원은 자신의 영업 활동을 경쟁력 있게 수행하기 위해서 고객에 대한 깊이 있는 관심, 끊임없는 전문지식의 습득, 고도화된 전략적 사고가 요구된다.

이 장에서는 대기업에서 10년 이상의 B2B 영업 경력을 가진 상위 10%의 고성과자 6명을 대상으로 장인성을 살펴본다.

황용수(가명) 씨는 해외 대학원에서 정책학을 전공했다. 해외에서 컨설팅 펌에 입사하고자 했으나 여의치 않아 국내로 들어와 대형 화학회사에 첫 입사를 했다. 해외영업 부서의 마케팅 직무에 발령받아 마케팅 이론도 배우고, 전략 기술들도 배우면서 업무를 익혔다. 바로 옆에 있는 영업팀의 역동적인 모습을 보고 직접 발로 뛰는 영업을 하고 싶다는 포부가 생겼다. 입사 6개월 만에 영업팀으로 발령받았고, 주로 미국에서 거래선 발굴을 위해 두 달 정도씩 장기 출장을 다니면서 밑바닥부터 영업을 했다. 하지만 화학 업종이 하향세를 겪고 있을 때 같은 그룹 내 타 전자제품 기업에서 영업 직무 선발이 있었고 자연스럽게 그룹 내 이동을 했다. 이때부터 유럽의 대형 전자제품 메이커 대상 영업을 수행하게 되었고, 적극적인 영업 활동과 고객사와의 소통역량 발휘를 통해 꾸준히 고성과를 창출했다. 전 세계 전자제품 무역의 중심지인 싱가포르에서 해외영업 전문가로 활동하다 몇 년 전에 국내로 복귀했다. 지금은 팀장 역할을 하며, 회사 내 영업 핵심 인재로 활동하고 있다.

강민정(가명) 씨는 치맛바람 날리면서 자녀교육에 매달렸던 평범한 엄마였다. 아이들이 크면서 학원비도 벌며 자유롭게 시간 조절할 수 있는 직업이 필요해 지금의 생활가전업체에 입사했다. 처음에는 고객과 눈 마주치기도 힘들었는데, 매니저의 도움과 특유의 근성으로 서서히 업무에 적응하여 영업관리자로 한 단계 한 단계 성장했다. 고객을 통해 전국 어린이집이 정부 지원으로 공기청정기를 설치한다는 정보를 입수하여 빠르게 각 지역별 협회를 대상으로 영업을 전개하였고, 대량판매 제안을 통해 최다 매출을 달성했다. 이 공을 인정받아 현재의 영업 임원 자리에 올랐다.

이현진(가명) 씨는 신부 화장 등 메이크업 일을 오랫동안 하면서 지방 출장이나 새벽 업무가 많다 보니 새로운 일을 찾고 싶었다. 그러던 중 집에 정수기 점검하러 온 영업사원 일이 업무도 간단해 보이고 노력하면 돈도 벌 수 있겠다 생각되어 지원했다. 하지만 현장에 투입되어 OJT를 받아 보니 생각보다 고된 업무의 연속이어서 할까 말까 고민이 많았다. 그러던 어느 날 처음으로 방문 설명을 하게 된 고객에게 상품설명을 제대로 못해 꾸중도 들었지만 그 노력하는 모습을 좋게 봐준 덕분에 3대의 정수기를 판매하면서 새롭게 영업을 바라보게 되었다. 이를 계기로 상품 공부와 고객관리를 철저하고 꼼꼼하게 익히면서 최고의 영업왕 자리에 오르게 되었다.

김승호(가명) 씨는 사무기기 솔루션 기업에 기술 업무로 지원했으나 신입사원 교육이 끝나고 영업부서로 발령이 났다. 스스로 내성적이고 영업과는 맞지 않는 스타일이라 고민이 많았는데 회사의 교육 프로그램과 영업 선배들의 도움으로 다행히 초기 적응을 할 수 있었다. 처음에는 내성적인 성격을 고치려고 부단히 노력했지만, 오히려 역효과가 생기고 스스로 동기부여가 되지 않았다. 마음을 바꿔 자신처럼 진중하고 차분하게 대하는 사람을 원하는 고객이 분명 있을 거라 믿고 꾸준히 고객관리를 했다. 그 노력이 통하여 고객과 신뢰가 쌓이면서 매출액도 늘어났고, 대형 수주도 성공할 수 있었다. 드디어 2015년에 최연소 영업팀장이 되어 현재 사무기기 영업 관리 핵심인재로 성장하고 있다.

조정현(가명) 씨는 정보통신 분야 대기업에서 대형 고객사 대상 영업을 수행하고 있다. 대학교 전공이 행정학이었기에 공기업이나 일반 기업에 취업하는 동기들이 많았다. 그러나 군 제대 후 진로를 고민할 때 인터넷 벤처 열풍이 불면서 IT 분야 기업에 가야겠다고 마음을 굳히고 학원에서 컴퓨터 언어와 통신네트워크 관련 지식을 배웠다. 신기하게도 통신 쪽 수업 내용에 대한 흡수력이 빨랐고, 재미도 느끼게 되었다. 이런 계기로 통신 분야 회사에 입사했다. 처음에는 중견 통신회사에 들어가서 신입사원으로 고객관리 업무 지원을 맡았고, 선배들이 영업하는 모습을 옆에서 지켜볼 수 있었다. 이렇게 2~3년간 배우면서 영업에 대한 매력을 느꼈고 주위의 권유와 스스로의 의지로 영업 업무를 하기 시작했다. 400억 규모의 대형 수주건을 통해 회사에서 우수 성과자로 명성을 얻었고, 현재는 지역을 책임지는 관리자로서 성과를 내고 있다.

　유서연(가명) 씨는 IT 기업 기술영업 부서에서 7년 정도 B2B 영업을 하며 인정받는 자리에 올랐지만, 좀 더 높은 연봉을 받으면서 오랫동안 다닐 수 있는 직업을 고민하던 끝에 보험업계로 뛰어들었다. 대부분의 설계사가 개인영업에 주력하는 것과 달리 자신이 잘해 왔던 B2B 영업방식을 보험에 접목했다. 퇴직연금, 단체보험, CEO 플랜 세 가지 솔루션으로 차별화된 영업을 펼쳤다. 그 결과, 보험업계에서 탑 클래스 고성과자에게 부여되는 'MDRT' 자격을 매년 달성하고 있고, 회사로부터 개인 사무실을 지원받을 정도로 핵심 인재로 성장했다. 지금도 자신만의 고객관리 기법과 시간 관리 툴을 활용하여 꾸준히 높은 성과를 창출하고 있다.

2. 작은 성공 경험이 이끈 큰 성장

엉망진창 실수와 주위의 선입견

　용인 에버랜드에는 2020년 7월 큰 경사가 있었다. 2016년 한·중 교류 차원에서 선물받은 판다 아이바오(암컷)와 러바오(수컷) 사이에서 예쁜 공주가 태어난 것이다. 바로 국내 최초로 태어난 아기 판다 푸바오다. 최초라는 상징성도 있지만 그 특유의 애교와 장난기로 많은 사람의 사랑을 독차지했다. 유튜브에서 1,000만 이상 조회수를 기록한 동영상이 수두룩할 정도다. 하지만 큰 덩치로 성장한 푸바오도 처음 태어날 때는 불과 197g의 작은 생명체에 불과했다. 이처럼 우수 영업인들도 영업 초기부터 성공적이었던 것이 아니다. 그들은 아주 작은 날갯짓부터 시작했다. 새로운 직무 적응에 대한 어려움이 있었고, 주위의 선입견으로 마음의 상처도 받았다.

> 첫 달은 정수기와 고객관리 교육을 받고 두 번째 달부터 혼자 나가서 일을 시작했어요. 고객에게 방문해서 일을 시작하는데…… 처음에는 서툴러서 물도 새고, 엉망진창이었죠. 또 실수할까 봐 겁도 나고.
>
> —이현진

> 매출이 800억 정도 되는 중견기업 대표이사를 소개받아서 방문했는데, 명함을 안 주시는 거예요. 본인은 보험 세일즈 하는 분에게 명함을 드리지 않는다고 단호하게 말씀하시더라고요. 그 상황이 당황스럽기도 했는데, 오히려 얼마나 다행이냐 생각도 들었어요. 그동안 많은 보험설계사가 접촉했지만 실패했을 거잖아요. 그래서 오늘은 명함 안 받고 가겠다고 정중히 인사드리고 나왔죠. 보험설계사에 대한 선입견이 속상하기는 했는데 오기도 생기더라고요.
>
> —유서연

> 맨 처음 영업 시작했을 때는 실적이 좋지는 않았어요. 영업부서에 입사동기 16명이 배치가 되었어요. 부서를 배치받자마자 누구는 어느 고객사에 판매했네, 어디를 수주했네 그러는데 저는 동기 중에 거의 마지막에 첫 수주를 했던 것 같아요. 저는 그런 것에 크게 연연해하지 않았고요. 신입사원 때부터 한 달 한 달 목표를 달성하지 못하더라도 최선을 다했다면 그달 열심히 했다고 만족하는 스타일이었습니다.
>
> —김승호

보고 배울 사람이 있었다

아기 판다 푸바오에게는 '푸바오 할부지'라는 별명을 가진 베테랑 사육사가 있어 푸바오를 물심양면으로 돌봐 준다. 매일매일 건강도 챙겨 주고 심심하지 않게 놀이기구도 만들어 주면서 할아버지처럼 푸근히 감싸 준다. 영업 직무는 부서와 팀 단위로 조직이 구성되어 있지만, 고객과의 최접점에서 시시각각 변하는 상황을 개인의 판단과 센스로 해결해야 하는 경우가 많다. 그만큼 독립적이면서도 한편 외롭기도 한 직업이다. 처음 겪는 환경 속에 갓 입문한 영업인은 자신을 둘러싼 선배, 동료, 지원 부서와의 상호작용을 통해 극복하고 적응하는 과정을 겪게 된다. 이때 직무에 대한 태도와 마인드를 배울 수 있는 롤모델이 있다면 분명 큰 힘이 될 수 있다. 영업 우수자들에게도 그러한 롤모델과 멘토들이 있었다.

> 제가 처음 두 달을 일하는데 제가 안 했던 일을 하고, 자존심이 상하는 일도 있고, 울면서도 다니고, 그래도 내가 남편한테 큰소리 친 건 있으니까 하긴 해야 되고. 갈등이 심한 상태에서 저를 다그치지 않고 감싸 준 분이 있었어요. "힘들었구나." 하면서 토닥거려 주시고, 고객 약속 시간을 모두 체크해 주시면서 "밥은 먹었나?" 물어봐 주시고, 밥 먹을 시간 없이 고객과 약속을 잡아 놨으면 샌드위치, 김밥을 사서 밖에서 기다리고 계셨어요. 그분이 아니었다면 지금의 제가 없었을 겁니다.
>
> ―강민정

> 처음에 2~3년은 같은 팀 선배를 따라다니게 되었어요. 따라다니면서 고객관리 하는 모습을 보고 배웠죠. 그분은 오리지널 영업부서에서 성장한

분이라서 관계 중심으로 고객과 문제를 잘 풀어내더라고요. 그때 굉장히 많이 배웠어요. 저는 기술 베이스로 영업을 했었기 때문에 상품에 대한 지식이 많아야 영업이 잘된다고 생각했는데 꼭 내가 많이 안다고 되는 일은 아니라는 걸 깨달았죠. 제가 많이 알면 고객에게 도움은 될 수 있겠지만, 수주와 직결되는 것은 또 다른 얘기예요.

－조정현

지금은 회사를 그만두셨는데. 제가 모셨던 높은 상사이셨어요. 영업이니까 기본적으로는 고객과의 관계잖아요. 모든 고객하고 관계를 잘 형성하셨고, 고객을 최우선으로 생각해야 한다는 것을 많이 인지를 시켜 주셨어요. 예를 들면, 우리끼리 얘기할 때는 고객을 사실 항상 좋게 얘기하지 않을 때가 있잖아요. 그 자식이…… 걔가…… 그놈이…… 그런 말들조차도 습관이 되면 큰 실수를 할 수 있다. 항상 말씀하셨죠. ……(중략)…… 숫자도 굉장히 빠르셨어요. 고객이 요청하는 게 A라면 그것을 어떻게 B, C로 나눠서 들어갈 건가. 그런 상황별 전략이나 기술을 많이 배웠던 것 같아요.

－황용수

새로운 자아를 만나다

점차 업무에 적응하면서 새로운 재미를 느꼈고 작은 성공을 이어 가면서 직무에 몰입하기 시작했다. 또한 영업 직무를 하면서 그동안 숨겨져 있거나 발산하지 못했던 자신의 모습을 발견하게 되고, 직무를 수행하며 이것이 자연스럽게 드러났다. 자신의 참된 가치를 발견하면서 나에게 맞는 영업 스타일을 만들어 나가기 시작한 것이다.

저는 어떻게 보면 경쟁을 좋아하는 것 같아요. 운동도 숫자가 나와야 좋아
하거든요. 혼자 달리고 수영하는 건 안 좋아해요. 골프든 테니스든 축구든
농구든 숫자가 나와야 하고. 목표지향적인 것 같아요. 내가 목표가 있어서
해서 됐다 안 됐다 이게 나와야 해요. 내가 설사 그거 때문에 스트레스를
받더라도. ……(중략)…… 회사 내에서 친선 스포츠 게임을 해도 달리기든
야구든 저는 후배들이 천천히 느릿느릿 움직이는 꼴을 못 봐요. 경기했을
때는 진짜 열심히 해야 하고, 윗사람이든 아랫사람이든 상관없어요. 후배
가 축구하다가 내 발을 치더라도 그건 스포츠인 거니까. 정말 그런 정신으
로 뭐 할 때는 최선을 다해서 즐겁게 하려고 해요.

−황용수

저는 성과 내는 게 좋았던 것 같아요. 사람 만나는 업무도. 사무 업무를 해
봤지만 너무 재미없는 거예요. 앉아 있는 것도 싫고. 새로운 걸 좋아하지
늘 똑같은 건 싫었던 것 같아요. 영업 성과가 좋았고, 성취감이 있어서 좋
았어요.

−유서연

작은 성공의 순간이 이끄는 힘

인본주의 심리학자인 매슬로(Maslow, 2012)는 인간은 누구나 무
한한 잠재력을 지니고 있으며, 자아실현은 자신의 참된 가치를 실현
하는 것이라고 정의했다. 또한 자아실현을 위해서는 '정상 경험' 같
은 최고의 순간들이 일상생활에서 생생히 유지되고 기억되어야 한
다고 보았다. 실제로, 우리는 인생을 살면서 최고의 순간들을 경험
하곤 한다.

- 우연히 마주친 이성에게 사랑의 감정을 강하게 느꼈을 때
- 힘든 산고의 과정을 거쳐 태어난 아이를 처음으로 안아 봤을 때
- 나이아가라 폭포 같은 웅장한 자연이 바로 눈앞에 펼쳐졌을 때
- 내가 간절히 원하던 시험에 합격했을 때

이러한 상황을 상상해 보라. 얼마나 가슴 떨리고 흥분되는 순간인가! 이러한 쾌감, 놀라움, 기쁨, 환희의 순간들을 내 일에서 꾸준히 경험할 수 있다면 분명 우리는 그 일에 몰입하고 행복감을 느끼게 될 것이다. 우수 영업인들은 작은 성공 경험들을 통해 영업에 대한 자신감과 흥미를 높일 수 있었다. 좋은 기억들이 향후 자신을 지탱하는 버팀목이 되었다. 일 속에서 얻은 희열의 순간과 그 기억은 스스로를 동기부여하고 성장할 수 있는 원동력이었다.

> 미국 현지에서 해외 영업을 할 때였어요. 내가 할 수 있는 건 최대한 해 보자. 어떻게 보면 산 경험을 할 수 있는 좋은 기회였죠. 하다 보니까 잡지가 있네, 하다 보니까 전시회가 있네, 그러면 제가 한번 해 보겠다 그랬죠. 부스는 조그맣게 차렸지만 교육 이상의 기회를 회사에서 줬던 거고. 그래서 향후에 뭐라도 해 보면 다 할 수 있다는 자신감을 얻게 됐죠.
>
> —황용수

> 실질적인 자신감은 제가 뭔가 큰 사업을 수주하거나 회사에서 인정하고 남들이 못하는 뭔가를 했네! 그런 거거든요. 저는 그게 좀 늦게 왔어요. ……(중략)…… 제가 어떤 제안을 했는데 고객사 담당자가 그럼 사업을 한번 해 보자고 흔쾌히 얘기하더라고요. 그래서 초기 제안서를 만들어서 줬죠. 그랬더니 바로 제안요청서를 만들자 하더라고요. 마침 본인 회사에서

그런 니즈가 있었다면서 윗분이 좋아할 거라고 말씀하시는 거예요. 그래서 한 달 정도 제안서 쓰고 발표하고, 순식간에 2~3개월 내에 진행이 돼 버린 거죠. 그래서 월 1억 규모를 수주했습니다.

-조정현

제가 제품에 대해서 너무 몰랐던 거예요. 제대로 대답을 못하니까 저를 앉혀 놓고 사장님이 하시는 말씀이, 내가 정수기가 필요해서 오라고 했으면 어느 정도 마음의 준비를 하고 상품 공부를 하고 와야 하는데 어떻게 그렇게 막무가내로 올 수 있느냐며 한참을 나무라셨어요. 그런 후에 저를 돌려보내실 줄 알았는데, 아직 경험이 부족한 사람이니 첫 스타트로 계약은 해 주겠다. 대신 이쪽에 입문했으니 최고의 자리까지 올라가 봐라, 그러면서 그분이 정수기 3대를 계약해 주신 거예요. 첫 계약에. 첫 고객 방문에서. 그런데 계약을 성사시키고 내려오는데 기쁨보다는 너무 제 자신이 바보 같고 한심한 거예요. 그때 진짜 울면서 다짐을 하고 내려왔어요. 그 뒤부터 제품에 대해서 미친 듯이 공부를 하기 시작했죠.

-이현진

막상 보험영업에 뛰어들었는데 뭘 해야 할지를 모르고, 멘토도 없었어요. 이 일은 의미 있는 일은 확실하니까 A부터 Z까지 모든 프로세스를 내가 직접 만들어 봐야겠다 다짐을 했죠. 그래서 유튜브에서 목표 설정, 시간관리에 대한 콘텐츠는 모두 찾아봤던 것 같아요. 그런데 '어떻게'를 구체적으로 가르쳐 주는 사람은 없더라고요. 그렇게 계속 알아보다가 바인더를 통해 목표관리, 시간관리를 제대로 활용하는 분의 책을 읽게 된 거죠. 책에서 제시한 대로 바인더를 활용해 보니 너무 좋은 거예요. 제 인생은 바인더를 만난 시점 전후로 나뉜다고 해도 과언이 아니에요.

-유서연

최종 견적을 냈는데. 그 당시 한 경쟁사가 사업을 확장하려고 낮은 가격으로 시장을 흐려 놨거든요. 담당자에게 물어보니 경쟁사가 훨씬 싸게 제출했다고 하더라고요. 한 번 더 기회를 줄 수 있느냐고 부탁했고, 최종적으로 가격을 다시 한 번 낼 수 있는 기회를 얻었어요. 하지만 처음부터 가격 차이가 있었기 때문에 최종 가격도 경쟁사가 더 쌌다고 하더라고요. 그런데 놀랍게도 최종적으로 저희를 선택해 줬어요. 수주한 후에 고객에게 물어봤어요. 나에게 왜 구매를 해 주셨냐고요. 그분 말씀이 몇 달 동안 수시로 왔다 갔다 하면서 최선을 다하는 모습이 좋았다고 하더라고요. 그때 영업에 대한 맛, 희열을 느꼈죠! 그때부터 제 잠재력이 터졌던 것 같아요. 영업하면서 그때의 영향을 많이 받았죠. 그 이후로 고객을 대할 때 작은 것도 소홀히 하지 않고 최선을 다했던 거 같습니다.

－김승호

'몰입의 즐거움'

우수 영업인들은 영업 직무에 입문한 이후에 다양한 방법을 통해 일을 배워 나갔다. 다른 사람들을 통해 배우는 동시에, 스스로 일을 알아 가려고 노력했다. 누가 시키거나 가르쳐 주지 않아도 책을 읽고 교육 프로그램에 참여해서 배워 나갔다. 자기 일에서의 성공을 이루기 위해 피나는 자기주도적 학습을 실천하는 과정이었다.

미하이 칙센트미하이(Mihaly Csikszentmihalyi) 교수는 『몰입의 즐거움(Finding Flow)』이라는 저서에서, 그 사람이 어떤 일을 하는지가 삶의 질을 좌우하여 행복해지기 위한 조건이 된다고 말했다. 자신의 존재에 가치를 부여하는 일을 찾지 못했거나 자신이 갖고 있는 장점을 충분히 활용하지 못한다면 그것을 행복한 인생이라 할 수 없는

것이다. 우수 영업인들은 일에서 자신의 가치와 장점을 발견했고,
그것을 지속적으로 발전시키고 도전해 나갔다.

> 그러면서 정말 열심히 뛰어다녔어요. 영업이라는 것이 처음부터 끝까지
> 제품 얘기만 하면 지루해요. 고객과 친밀감 있는 대화를 하다가 자연스럽
> 게 제품의 좋은 점을 얘기하죠. 그렇게 영업에 재미를 느끼고 몰입하다 보
> 니 내 통장에 찍히는 돈이 달라지는 거예요.
>
> —서현민

> 남과 차별화할 수 있는 방법이 무엇이 있을까 항상 고민해요. 마치 검정
> 펭귄 속에 묻히는 것이 아닌 핑크 펭귄이 되는 방법이죠. 업무와 관련 없
> 는 강의도 찾아서 들으러 가고요. 카피라이터, 망고보드, 에버노트, 구글앱
> 스 등을 활용하는 교육에 가서 강의를 듣고 제 활동에 접목했죠.
>
> —유서연

> 영업 매니저는 시장을 빠르게 읽어야 해요. 저는 관리 지역에 있는 어린이
> 집을 통해서 정보를 빨리 얻었어요. 어린이집에 공기청정기 정부 지원이
> 내려온다는 거예요. 뉴스에서도 계속 공기의 질이 나빠지니까 어린이집부
> 터 정부 지원을 하겠다는 소식이 있었고. 저는 정부 지원이 시행되기 6개
> 월 전부터 움직였어요. 경기도 각 지역의 협회장님 찾아다니면서. 남보다
> 빨리 움직이고, 시장의 흐름을 빨리 캐치했던 거죠.
>
> —강민정

3. 진심을 담아 쌓은 신뢰

결국은 사람이다

진실된 마음을 가진 영업사원은 자신의 이득에만 치우치지 않도록 스스로를 통제한다. 그렇기 때문에 고객의 이익 또는 상호 간의 이익을 추구하는 행동을 취할 가능성이 높다. 우수 영업인들은 진심의 힘을 강하게 믿고 있었으며, 고객과의 신뢰 구축이 모든 영업의 근간임을 얘기했다.

영업 초기에 신규 개척 영업 하면서 느낀 것인데요. 고객을 단순하게 영업 대상으로 생각하고 제품 얘기만 하다 보니까 거절을 많이 받게 되더라고요. 그래서 어느 순간 고객을 또 하나의 내 인맥으로 만들자는 생각의 전환을 하게 되었어요. ……(중략)…… 그렇게 생각하니까 맨 처음에는 다가가기 어려웠었는데 그게 조금씩 바뀌게 되더라고요. 제 스스로 그렇게 느끼고 실천했던 것 같아요.

－김승호

제 후배들에게 항상 일관되게 얘기하는 게 있어요. 고객과 비즈니스를 할 때 너의 진심을 다해서 하라고 얘기를 해요. 겉모습이 아니라 설사 고객이 받아들이기 힘든 얘기를 할지라도 나는 이 조건이 아니라면 해 드릴 수 없다고 얘기하더라도 진심을 담아서 얘기하면 고객이 그것도 수용해 줄 수 있다.

－조정현

그분을 방문하러 가는 길에 회사의 발자취가 담긴 신문기사들을 모두 스크랩해서 그분만을 위한 바인더를 만들어 드렸어요. 그런데 본인도 잊고 있었던 오래된 기사를 본 순간 갑자기 눈물을 흘리시는 거예요. 밖에 있던 직원을 부르시면서 이 기사 기억나고 하시면서 너무 반가워 하시더라고요. 그것이 계기가 되어서 고객으로 인연을 맺게 되었죠. 역시 개인도 그렇고 법인도 그렇고 결국은 사람이라는 생각을 했어요. 상품을 들이대는 것보다는 마음을 열리게 하고 공감하는 것이 중요하다는 생각을 했죠.

－유서연

내 제품을 사 주는 사람이 관계가 발전되면 친구가 되고 나아가 패밀리가 된다고 생각해요. 그런 방향으로 고객과의 관계를 구축하고 지금도 그런 생각으로 계속 일하고 있어요. 진짜 가까워지면 이 고객은 저를 가족처럼 생각하거든요.

－황용수

한두 번에 받아 주지 않아요. 그런데 세 번 정도 가면 저를 알아보시죠. 설명을 하고 명함을 주고. 결국은 대한민국 사람은 몇 번 보면 정이란 게 생겨요. 제품도 구매해 주시고. 소개도 해 주시고. 저도 처음 보는 사람에게 낯을 많이 가렸는데 지금은 그런 게 없어요. 저는 고객을 볼 때 눈을 봐요. '나는 진실된 사람이다. 당신에게 거짓 없이 진심을 얘기한다. 나도 월급을 충분히 받는 사람이고, 당신에게 무시당하는 사람은 아니다.'

－이현진

고객과의 신뢰가 쌓이면 다양하고 중요한 정보들을 획득할 확률이 높아진다. 이는 영업 목표 달성을 위해 매우 중요하다. 신뢰를 바탕으로 한 거래관계 구축이야말로 고객의 걱정을 없애고 위험에 대한 불안감을 해소시켜 줄 중요한 출발점이기 때문이다.

소통이 주는 새로운 생명력

영업인들은 업무를 수행하면서 고객사의 요구사항이나 예상치 못한 문제들을 수시로 해결해야 한다. 이때 내부 지원부서의 도움을 받게 된다. 영업 우수자들은 기본적인 지원에 만족하지 않고 새로운 영업방식 시도나 창의적인 업무 확장에 대한 의지를 숨기지 않았다. 이를 위해 평소에 노력하고 있었고, 지원부서와의 정보 교류를 통해 자신이 원하는 새롭고 창의적인 영업방안을 시도할 수 있었다. 타부서 직원들과 소통하고 우호적인 관계를 맺는 것이 영업 성과에도 영향을 준 것이다.

황용수 씨는 고객과의 신뢰감을 쌓는 것만큼이나 중요한 것이 내부 고객인 지원부서와의 신뢰감 구축이라고 말했다. 실제로, 내부 지원부서와 관계가 좋지 않은 영업사원은 영업 성과도 낮게 나옴을 개인의 경험으로 얘기해 주었다.

관계를 잘하는 사람은 고객과도 잘하고 내부 유관부서하고도 잘해요. 영업은 고객과도 잘해야 하지만 정말 많은 부분이 유관부서의 도움 없이는 힘들어요. 영업과 연관된 지원부서들이 많기 때문인데요. 그렇기 때문에 관계가 중요해요. 결국은 보니까 고객하고 잘하는 사람은 내부하고도 잘하고. 내부를 못하면 고객한테도 못하는 것 같더라고요.

—황용수

서현민 씨는 정수기 기사분들과 평소에 친분을 유지하면서 안정적인 고객 서비스와 문제 사항 발생 시 빠른 해결을 도움받고 있다.

> 정수기는 설치 기사가 있고, AS 기사가 별도로 있어요. 기사님이 너무 바쁘면 바로 당일에 못 가는 경우가 많고요. 다음날 못 가는 경우도 있어요. 순서대로 가야 하니까. 친한 기사님에게 퇴근 후에 "여기 좀 봐 주세요."라고 부탁하면 퇴근 후에 잠깐 들러서 처리해 주시고. 고객 제품이 이런 문제가 있다는데 어떤 문제인지 물어보면 설명해 주시고. 평소에 관계가 돈독하면 좀 더 편의를 봐 주죠.
>
> —서현민

이렇게 구축된 내부 지지자들을 통해서 새로운 사업을 위한 협업이 필요할 경우 유연하게 상황에 대처할 수 있다.

> 저희 회사에 내부 역량이 축적되지 않은 신규 사업 같은 것을 영업에서 추진할 때는 ……(중략)…… 제가 이것을 하려고 하는데 내가 알고 있는 회사의 분위기와 정책과 재무적인 관점에서는 어떤 장벽들이 있을지에 대해 의견을 주면 그 친구들(지원부서)이 제 말에 생명력을 넣어 주는 거죠. 저 혼자 아이디어를 내서 직접 할 수 있는 건 많지 않은 것 같아요.
>
> —조정현

영업에서 성과를 내기 위해서는 외부 고객과 내부 직원 모두를 향한 '양방향' 신뢰감을 얻어야 한다. 이러한 바탕 위에서 성공을 위한 인적 네트워크를 구축하는 것이다. 외부 측면으로는 고객과의 신뢰 관계를 통해 고객사의 중요 정보를 획득할 수 있고, 확보된 고객사

정보를 바탕으로 맞춤형 솔루션을 제안함으로써 수주 확률이 높아질 수 있다. 내부 측면으로는 평상시 내부 직원과의 원활한 커뮤니케이션을 통해서 자신이 원하는 대고객 사업 전략을 내부에 설득하기 쉽고, 주요 업무 파트너들로부터 필요한 시기에 필요한 자원과 정보를 받을 수 있다.

4. 소결: 일과 삶은 둘이 아니다

영업 우수 성과자의 가장 큰 특징은 자신의 일을 개인의 삶과 별개로 두지 않고 일을 삶의 일부로서 바라보는 태도다. 그들은 상대방에 대한 설득, 실적에 대한 압박감, 시시각각 발생하는 문제 상황의 해결 등 영업사원이 감내해야 하는 상황들에 대해서 회피하지 않고 맞서는 적극적인 자세를 갖고 있었다. 자신의 일에서 정체성과 가치를 발견하고 적극적으로 참여하여 기쁨과 보람을 느꼈다. 수많은 문제 해결과 스트레스를 감당해야 하는 영업사원에게 일의 해방은 한 단계 성장을 위해 스스로 깨닫고 실천해야 할 중요한 가치인 것이다.

> 영업을 선택한 것이 정말 다행이라고 생각해요. 좀 더 사람에 대해 깊이 생각하게 되죠. 가족관계도 친구관계도 마찬가지예요. 그것이 영업하면서 받은 가장 큰 깨달음인 것 같아요. 만약 내가 이 일을 안 했다면 지금의 인생관도 딱히 정립되지 못했을 거예요.
>
> —조정현

> 제 일터를 단어 하나로 표현하라고 하면 전쟁터라고 표현을 해요. 미치지

않으면 할 수 없는 일이다. 할 수는 있지만 성공할 수는 없는 일이라고 저는 표현을 합니다. ……(중략)…… 우리 일은 미치지 않으면 할 수 없는 일이고, 나는 일에 미쳤다. 내 인생의 90%는 일이다. 저는 임원에 올라오기까지 주부로서도 정말 최선을 다했어요. 꼭 무슨 일이 있어도 아침밥을 차려 주는 지부장. 근데 그게 다 내 일을 잘하기 위해서 하는 거죠. 그렇기 때문에 식구들에게 더 최선을 다했어요.

-강민정

우수 영업인들은 고객이나 회사에 끌려가기보다는 스스로 일에 대한 주도권을 갖고 자신의 일을 만들어 나갔다. 그들에게 찾아온 영업 기회를 놓치지 않았고, 모든 영업 기회가 자신의 능력을 재확인할 수 있는 기회라고 여겼다. 진정으로 고객과의 상담을 좋아하고 영업을 즐겼다. 일과 삶을 분리시키지 않고 일 속에서 삶의 행복을 찾고자 노력하고 있는 것이다.

삶에서 일은 중요한 부분을 차지한다. 이제까지 대다수 평범한 근로자는 매일 정해진 시간을 회사에서 보내 왔다. 그러나 코로나 팬데믹과 IT 기술의 발달로 기존의 일하는 패턴이 빠르게 변화하고 있다. 재택근무의 증가, 자유롭게 근무하는 스마트오피스의 등장, 심지어 사무실 없이 플랫폼으로 연결되어 근무하는 회사가 속속 등장하고 있다. 이제 일터는 반드시 고정된 장소여야 할 이유가 없어졌다. 일의 본질 자체만 남고 나머지는 다 변화하고 있다. 게다가 디지털과 소셜 러닝에 친화적이고 비대면에 익숙한 MZ 세대의 등장으로 일터 문화도 큰 변화를 겪고 있다. 이러한 디지털 시대에 일의 본질에 대해서 우리는 되짚어 봐야 한다.

사람은 일을 통해 지속적으로 자기 자신을 만들어 간다. 자아실현을 위해서 일하는 사람은 일에 대한 통제권을 가져야 한다. 그래야만 일의 주인으로서 비로소 진정한 일의 해방이 가능하다. 한마디로, 일의 해방은 일에서 도피하는 게 아니라 일의 진정한 주인이 되는 것이다. 각 분야에서 최고의 경지에 도달한 장인들은 한결같이 일을 생계 수단이 아닌 목적 자체로 생각하고 그 본질과 참다움에 대해 끊임없이 고민한다. 그러면서 '일의 해방'에 대해 얘기한다(장원섭, 2015, p. 226).

> 해방이란 무엇인가로부터의 자유를 의미한다. ……(중략)…… 일로부터 도피하는 것은 해방이 아니라 단지 일시적 분리에 불과하다. 진정한 일의 해방은 일 자체에서 자유로워지는 것이다. 일을 어쩔 수 없이 하면서 언제든 도망치려는 것이 아니라 그 일에 맞서고 참여하여 그 과정을 통해 기쁨과 보람을 느끼는 것이다.

디지털 전환의 시대, MZ 세대의 시대에 더욱더 우리는 원하는 욕구와 일의 본질에 대해서 진지하게 되돌아봐야 한다. 내가 일의 주인인지, 일이 나의 주인인지.

제**8**장
함께 성장하는 반도체 장비 고숙련 엔지니어*

1. 반도체 장비 엔지니어의 일의 세계

반도체 산업의 기반이 되는 반도체 장비 산업은 산업경쟁력의 핵심으로 국제 경쟁의 무기다. 반도체 장비 산업은 1990년대까지 미국과 일본 등 주요 선진국에서 90% 이상 독점 생산되었다. 최근에는 한국과 대만 등 후발 국가들의 적극적인 기술 투자와 인력 양성으로 선진사와의 기술 격차가 줄어들고 있다.

이 장에서 살펴볼 B사의 반도체 장비 엔지니어들은 미국, 일본 등 선진국의 주요 반도체 장비 기업들과 세계 반도체 장비 시장에서 어깨를 나란히 하며 당당하게 도전하고 있다. 미국 기업이 독점하고 있던 반도체 공정 중 하나인 열처리 공정에서 사용되는 RTP(Rapid Thermal Processing) 장비의 국산화에 성공하였기 때문이다.

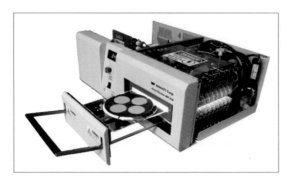

RTP 장비 모형

B사의 반도체 장비 엔지니어들이 처음 반도체 장비 산업에 투신했을 시기에는 해외 선진사와의 기술 격차가 컸다. 국가 지원과 관심도 부족했다. 이러한 환경 속에서 해외 선진 기업들과의 경쟁에서 살아남기 위해 가장 중요한 것은 역시 기술력 확보에 있었다. 반도체 장비 엔지니어들은 후발주자로서 소위 '맨땅의 헤딩'을 해 가며 부단히 노력하여 기술 격차를 극복할 수밖에 없었다. 고도의 하이테크 기술이 집합된 반도체 장비는 여러 공학 지식이 필요했다. 다양한 전공자가 모여 일하면서 지식을 나누며 함께 성장해 갔다. 반도체 산업의 빠른 기술 변화에 대응하기 위해 그들은 배움을 멈출 수 없었다.

B사의 반도체 장비 엔지니어는 각 직무에 따라 개발, 제조, 서비스 분야로 구분된다. 개발 엔지니어는 기구, 전장, 제어, 공정, SW 등의 세부 직무를 전문적으로 수행하는 엔지니어다. 이는 고객사 공정 조건에 부합되는 장비 개발을 위한 기본 직무 기술이다. 제조 엔지니어는 기본 직무 기술을 토대로 개발 장비를 실제 제조하기 위한 생산 관리 및 고객사에 출하되는 장비의 설치 등을 담당한다. 서비스 엔지니어 역시 기본 직무 기술을 바탕으로 고객사에 출하된 장비

의 설치는 물론 유지, 관리를 맡으며, 필요시에는 장비 사용 교육 등을 담당한다. 이들 엔지니어는 상황에 따라 유기적인 협력관계를 통해 서로의 업무를 보완하는 협업 체계를 가지고 있다. 이 장에서 살펴볼 7명의 고숙련 반도체 장비 엔지니어는 다음과 같다.

김영규 씨는 학부에서 기계공학을 전공했다. 학창 시절 중공업과 자동차 분야에 관심이 많아 대학 졸업 후 H그룹에 지원하여 합격했다. 그러나 자신이 원하는 중공업이나 자동차 계열사가 아닌 전자 회사로 입사가 정해졌다. 당시 H전자에서도 다양한 제품을 생산하고 있었지만, 의도치 않게 반도체 사업부에 배속받았다. 그러면서 반도체 후공정 엔지니어로 일을 시작하게 되었다.

김동식 씨는 대학에서 전자공학을 전공했고, 국내 최대 반도체 제조회사인 S전자에 입사했다. 20년간 반도체 제조사에서 장비 및 공정 관리 엔지니어로 일하던 중, 우연한 기회에 반도체 장비 기업인 B사의 스카우트 제의를 받고 임원으로 입사했다. 그 후 개발, 제조, 영업 등 다양한 분야에서 역량을 발휘하여 자신이 가진 경험과 지식의 전수에도 노력을 아끼지 않고 있다.

지상현 씨는 학부에서 항공기계공학을 전공했고, 제어 분야로 석사과정에 진학해 전문성을 높여 자동차 연구소에 입사했다. IMF 외환위기 때 근무하고 있던 자동차 회사의 모그룹이 부도처리가 되면서 부득이하게 회사를 그만두었다. 선배 추천으로 반도체 장비 기업인 B사에 입사했는데, 자동차와 반도체 장비가 전혀 다른 분야라서 처음에는 적응하기 힘들었다. 하지만 특유의 끈기와 노력으로 오래지 않아 반도체 장비 핵심 엔지니어로 성장했다.

홍찬호 씨는 서비스 부문을 총괄하는 부문장이다. B사의 경쟁사이자 반도체 장비 시장을 선도하는 미국계 장비회사 출신으로 선배사원의 권유로 B사로 이직했다. 서비스 엔지니어 직무를 시작으로 영업 및 개발 직무까지 업무 영역을 확대했다.

김창교 씨는 개발 팀장으로 일하고 있다. 반도체 장비 분야가 아닌 디스플레이 및 관련 부품 제조사 경력을 가지고 있다가 우연한 기회에 B사에 입사했다. 초창기 B사의 반도체 장비 개발에 참여하였기 때문에 B사의 반도체 장비 개발 과정을 가장 많이 알고 있는 몇 안 되는 엔지니어 중 하나다. 그는 '함께'라는 말을 중시하며 자신의 노하우를 후배들과 공유하고 성장을 지원하는 데 애쓰고 있다.

오양택 씨는 제조 부문의 제조 팀장을 맡고 있다. 서비스 엔지니어로 입사하여 18년 동안 반도체 장비 엔지니어로 일했다. 개인 사업을 하다 늦은 나이에 입사했지만 부족한 지식과 경험을 극복하기 위해 지독하게 학습했다. 일과 시간 이외의 시간에도 학습을 경주한 끝에 서비스 엔지니어 분야의 최고 전문가로 성장해 능력을 인정받고 있다.

정필성 씨는 공정 개발 팀장을 맡고 있다. 학부 때 반도체를 전공했지만, H그룹 임원이셨던 아버지의 영향으로 자동차 부품회사에 입사했다. 반도체 분야에 대한 관심으로 퇴사하고 반도체 물리학으로 석사학위를 받았다. 이후 18년간 반도체 장비 엔지니어로서 일했다. 반도체 제조 공정의 최고 전문가로, 고객에게 우리 장비의 우수성과 공정 개선에 대한 솔루션을 제공할 수 있는 장비 콘셉트를 제공하는 등의 역할을 하고 있다.

이들은 엔지니어로 구성된 팀의 관리자로 기본적으로 전문가 수준 이상의 기술력을 갖춘 숙련된 기술자다. 최소 16년부터 최대 30년 이상의 경력을 가진 자로, 회사 내부는 물론 국가가 정한 숙련 기술인 기준으로 볼 때도 최고 수준의 숙련을 보유한 자라고 할 수 있다.

이들은 대부분 반도체 산업 발전 단계의 초창기 멤버로 산업의 발전 단계에서 다양한 경험과 지식을 보유하고 있다. 지금도 배움의 의지를 놓지 않고 지속적인 학습 활동을 이어 가며, 최고의 전문가로 후대에 대한 기술 전수와 육성에 힘을 쏟고 있다.

2. 일터에서의 끊임없는 학습

현장에서 답을 찾아야

반도체 장비 엔지니어들은 이구동성으로 학벌보다 현장 경험의 중요성을 강조했다. 반도체 장비 분야는 다양한 공학적 요소가 집합된 최첨단 기계 분야로 한 분야의 전문성이나 지식으로는 다룰 수 없다. 그뿐만 아니라 여러 환경 요소에 따라 적용방법도 다르다. 따라서 결국 현장에서 답을 찾아야 한다.

제가 S사에 있을 때, 엔지니어 중에 고졸 출신이 많았어요. 나이도 비슷한데 저는 대학을 나오고 그분들은 고졸이지만 저보다 7년 정도의 현장 경험 차이가 있었어요. 제가 배웠던 공학적 지식이 그 7년의 차이를 넘긴 힘들었죠. 현장에서는 학벌이 필요 없었어요. '경험이 깡패죠.' 선배들도 저희 대졸들보다 현장 경험이 많은 고졸 사원을 신뢰했어요. 반도체 장비 분야는 전공한 지식만 가지고는 전문가가 되기 어려워요. 기계, 전기, 전자, 소재 등 알아야 할 것들이 너무 많아요. 그래서 장비를 직접 현장에서 경험한 기간이 얼마나 되냐가 굉장히 중요하죠.

—김동식

그들이 현장에서 답을 찾으려 한 이유는 또 있었다. 체계적인 학습 지원이 부족했던 시절에 그들이 공부하고 배울 수 있는 곳은 현장뿐이었다.

> 제가 회사에 입사할 당시에는 체계적으로 육성하는 것은 기대하기 힘들었어요. 그냥 매뉴얼 던져 주고 이거 보면서 알아서 해, 이렇게만 해 줘도 감지덕지였죠. 선배들이 한번 가르쳐 주고 현장에서 강하게 굴렸죠. 선배들이 일을 많이 줬어요. 따라가지 못하면 많이 구박도 받고 무시당하기도 했어요. 그런 엔지니어 취급을 받기 싫었어요. 배워야 했죠. 예전에는 반도체 관련 책이나 재료 관련 논문을 구하기가 엄청 어려웠어요. 그래도 대기업이라 다른 계열사 등의 연구소 이런 데서 가지고 있는 책 같은 걸 제본을 따 갖고 한 챕터씩 공부하고 업무를 하면서 적용하고 그거 그냥 하면서 혼자 라인에 앉아서 퇴근도 못 하고 스스로 실험도 하고 샘플 만들어서 테스트하고 하면서 많이 늘었죠. 이후에는 선배들도 저를 인정해 주기 시작했어요.
>
> −김영규

현장에서 답을 찾는 엔지니어들

'배울 것이 너무 많아요'

이 장에서 살펴보고 있는 엔지니어들은 기술 습득 단계로 보면 이미 최고의 숙련 단계에 이르렀다. 그러나 이들은 스스로 전문가라고 말하지 않았다. 오히려 반도체 장비 산업 특성 때문에라도 자신들은 다른 분야를 더 배워야 한다고 말한다.

> 반도체는 기본적으로 하이테크 산업이에요. 이 큰 장비들이 얼마나 많은 기술이 집약되어 있겠어요. 그만큼 배울 것도 많고 한번 장비를 만들었다고 그 기술이 계속 유지되나? 그것도 아니에요. 얼마나 새로운 변화가 빠른지 잠시도 방심할 수가 없어요. 방법은 배우는 수밖에 없어요.
>
> −김동식

> 반도체 분야는 워낙 방대한 장비군과 공정군이 있어요. RTP 장비는 급속 승온, 급속 냉각, 고온의 공정 조건을 만족해야 하는 장비로 부품이나 재질에 대한 기술뿐만 아니라 기구, 전장, 제어, 공정 등 다양한 기술에 대해 충분한 이해가 필요하죠. 배울 것이 너무 많아요.
>
> −김창교

> 반도체 장비군의 기술 변화가 빨라요. 한순간이라도 방심하면 따라가기 힘들어요. 고객사의 공정 변화 트렌드도 학습해야 하고 그에 따라 변화되는 여러 세부 공정과 그에 대응하기 위해 우리가 필요한 것들도 찾아보고 배워야 해요. 다른 분야도 그렇겠지만, 특히 반도체 장비군은 배워야 해요. 과거의 기술과 이론에 빠져 있으면 안 돼요.
>
> −정필성

이러한 배움의 지속적인 확장은 이들의 숙명이고 사명이었다. 이들은 끊임없는 배움을 위해 직무 변화를 두려워하지 않았다. 오히려 스스로 자처해서 새로운 일을 더 배우고자 했다.

> 제어 전공자였던 제가 처음 맡은 직무가 전장이었어요. 하나도 몰랐어요. 새롭게 배웠죠. 그렇게 전장 팀장까지 하게 되었어요. 그러다 다시 제어 직무로 이동했어요. 내가 제일 잘하는 거라 좋았죠. 그러다 S/W 팀장이 퇴사해서 자리가 비었어요. 누군가 담당을 해야 하는데 제가 할 수 있을 것 같았어요. 제가 손을 들었죠. 해 보고 싶었어요. 대기업에서는 상상할 수 없죠. 그렇게 해서 전장, 제어, S/W까지 다 경험하게 된 거죠. 진짜 많이 배웠어요. 제가 성장하는 데 가장 큰 도움이 된 것이 이렇게 많은 직무 경험을 한 거라고 저는 생각해요. 우리 후배들도 직무 경험을 많이 했으면 좋겠어요.
>
> —지상현

3. 경쟁과 협력 속에서의 성장

이들 반도체 장비 엔지니어는 15년 이상의 엔지니어 경력을 가지고 있었다. 이들이 고숙련 엔지니어로 성장한 배경에는 자신들의 한계를 극복할 수 있게끔 도와준 동료들이 있었다. 동료들과 치열하게 경쟁하며 때론 서로의 역경을 함께 극복하기 위해 협력하며 함께 성장했다.

의도적인 경쟁자 만들기

김동식 씨는 자신이 고숙련 엔지니어로 성장한 동력으로 경쟁을 꼽았다. 그는 업무 현장에서 동기들에 비해 업무 지식과 역량이 부족할 수도 있다는 점을 늘 걱정했다. 그러한 일이 발생하지 않도록 동기나 비슷한 나이 또래 중 가장 숙련된 동료를 찾았다. 그리고 그를 뛰어넘기 위해 부단한 노력을 했다. 경쟁자라고 해서 원수지간은 아니었다. 서로 경쟁해 가며 지금은 그 경쟁자들과 친밀한 관계를 맺고 있었다.

> 저는 선의의 경쟁관계가 필요하다고 생각해요. 경쟁이 저에게 스트레스도 주지만 성장에 동기부여가 되거든요. 미팅을 같이 하는데 동기는 아는데 나는 모른다? 너무 창피한 일이죠. 저는 그때부터 내가 경쟁해야 할 사람을 찾았어요. 제가 저 친구보다는 많이 알아야겠다고 경쟁심을 가지고 일했어요. 대표적인 사람이 김OO 이사에요. 고졸로 입사해서 저보다 훨씬 베테랑이었는데 따라가기 위해 엄청 노력했어요. 워낙 잘하던 친구라 제가 더 열심히 할 수밖에 없었어요. 그러다가 서로 친해지고 좋은 관계로 지내게 되었어요. 그 친구가 있어서 지금의 제가 있다고 생각해요.
>
> −김동식

이러한 경험은 홍찬호 씨도 마찬가지였다. 동료들과 선의의 경쟁을 벌이며 함께 성장했다.

> 전 천성적으로 경쟁심보다는 성취욕이 좀 더 강한 편이어서, 경쟁보다는 제 일에서 무언가를 이루고 싶은 욕심이 강했어요. 하지만 주변에 절 경쟁

자로 생각하는 동료가 있었어요. 입사는 저보다 조금 늦지만, 회사 초창기에 함께 입사해서 거의 같은 시기에 승진도 함께해 온 동료였죠. 그 친구가 절 경쟁상대로 생각하더라고요. 자연스레 서로 선의의 경쟁관계가 되었고, 서로 좀 더 빨리 승진이나 좋은 평가를 받기 위해 노력을 많이 했어요. 그런 경쟁관계가 제 성장에 큰 도움이 된 것 같아요. 서로 많이 부딪히고 다투기도 했지만 서로의 장점을 인정했어요. 회의 시간에 서로 간의 의견을 조율하면서 제어 분야의 지식들도 배울 수 있었죠. 그렇게 서로의 장점을 인정하면서 어느 순간에 서로 경쟁자를 넘어 마음을 나누는 친밀한 관계가 되었죠.

—홍찬호

재능 주고받기

김창교 씨에게는 함께 근무했던 임원 중에 엔지니어 인생의 나침반이 되어 준 사람이 있었다. 그 임원은 자신이 RTP 장비 개발 전문가로 성장하는 데 큰 도움을 주었다. RTP 장비 개발 시 자신의 기구 설계 재능을 최대한 활용할 수 있게 도와주었고 모르는 기술 분야를 알려 주었다.

제 인생의 나침반이 되어 주신 분이 있어요. 지금 같이 근무하는 분 중 한 분입니다. 14년 가까이 근무하면서 여러 난관과 역경을 이겨 내는 데 도움을 주셨죠. 제가 기구설계에 강점이 있지만, 제어나 다른 쪽은 아직도 부족하거든요. 그분이 많이 도움을 주셨어요. 저보다 많은 분야를 경험하셨고 제게 큰 귀감이 되었죠. 그분이 없었다면 제가 장비 전문가로 성장할 수 없었을 것이라고 생각합니다. 장비 개발에는 본인의 노력도 중요하지

만 내용을 잘 알고 있는 선배의 도움이 절실해요. 반도체 장비사가 과거에
는 그런 분들의 노하우를 받아 저희가 더욱 발전시켜 여기까지 오게 된 것
같습니다.

—김창교

고숙련 엔지니어들은 자신의 재능을 과신하지 않았다. 자신의 것
을 기꺼이 나누고 다른 동료의 장점을 배우며 함께 성장하는 방법을
택했다. 그러면서 전문성을 키워 나갔다. 경쟁자냐 협력자냐는 종
이 한 장의 차이일 뿐이었다. 같이 일하는 동료들은 자신은 물론 상
대방과 함께 전문성을 키우고 서로 발전하게 되는 자양분 같은 존재
였다.

저는 아직도 후배들과 토의하는 것을 즐겨요. 반도체 장비는 종합 예술이
라 혼자 잘한다고 해서 좋은 장비를 만들 수 있지 않아요. 제가 경험한 것
을 알려 주고 그들도 자신들이 가진 전문성을 바탕으로 제게 새로운 영감
을 주죠. 제게는 이렇게 훌륭한 후배들이 있어요. 어떤 문제도 함께 해결
할 수 있는 멤버들이죠.

—지상현

4. 인생 역작을 만들기 위해

B사의 고숙련 엔지니어들은 일과 삶을 분리하지 않았다. 일을 삶
의 일부분이라고 여겼다. 그들은 일을 통해 자신들의 삶이 인정받을
수 있다고 믿었다. 자신이 만든 일과 장비에 혼과 정성을 담아내고

있었다. 최고의 인생 역작을 만들기 위해서였다.

지상현 씨와 김창교 씨는 초창기 RTP 장비를 개발할 시점부터 B사에서 장비 개발을 하고 있다. 그들은 자신들이 만든 장비에 대해 자긍심이 매우 컸다. 고객에게 만족을 넘어 전율을 줄 수 있는 세계 최고의 장비를 만들고 싶어 했다.

> 네덜란드 'ASML' 알죠? 삼성 이재용 부회장도 거기 노광장비 사려고 부탁할 정도예요. 그 회사 장비를 사기 위해 반도체 회사들이 줄을 서요. 제 꿈이에요. 'ASML'처럼 고객이 만족을 넘어 전율을 느끼고 구매를 위해 찾아올 수 있는 그런 장비를 만들고 싶어요. 이게 제 삶의 가장 중요한 목표이기도 해요.
>
> —지상현

> 2008년 면접할 때 면접관의 질문이 생각나네요. "여기 와서 달성하고 싶은 꿈은 무엇인가요?"라는 질문이었어요. "양산 장비를 만들고 싶습니다."라고 대답했죠. 뭐 대단한 거냐고 생각할 수 있지만 보통 양산 장비라고 불릴 수 있으려면 동일 공정 장비로 최소 50대 이상의 판매실적이 되어야 하거든요. 작년에 RTP 장비가 100대 판매를 찍었어요. 제가 목표로 한 것 2배가 되었죠. 14년이나 걸렸지만 추격자 입장에서 2등 장비가 아닌 세계 최고 장비를 만들고자 부단히 노력한 멋진 결과라고 생각해요.
>
> —김창교

이들은 우리 장비에 대한 자부심을 가지고 있었다. 추격자이자 후발주자인 B사의 상황을 잘 인식하고 있었기에, 어떻게든 그들이 목표로 하는 경쟁사의 장비를 뛰어넘을 수 있기를 바랐다. 그러한 노력을 통해 부족했던 기술력을 극복했다.

서비스 엔지니어들 역시 자신들이 개발하고 납품한 장비에 대한 자존감이 높았다. 그들은 고객사에 출하가 완료된 장비를 유지, 관리하는 일을 한다. 이들은 장비를 통해 고객에게 인정받고 신뢰를 얻음으로써 자신의 존재 의의가 실현된다고 느끼고 있었다. 일의 결과물인 장비는 자신의 삶과 분리된 단순한 물건이 아니었다. 그것은 곧 자기 인생의 작품이라고 여겼다. 일의 결과를 통해 자신의 삶의 가치가 함께 책정된다는 마음을 가지고 있었다. 자신의 일에 대한 몰입과 열의, 강한 애착을 보여 주었다.

> 우리 장비들이 초창기에 문제가 많았어요. 인정하기 싫지만 경쟁사 장비에 비해 많이 부족했죠. 우리 장비들이 고객사에 나간 후 안정화되기 전까지 잠을 잘 수 없었어요. 우리 장비에 대한 자존심 문제였어요. 우리 장비들 그리고 우리 엔지니어들이 무시당하는 것을 보고 싶지 않았죠. 혹시 문제가 생길지 몰라 걱정이 되면, 집에 가기보다는 사무실에서 쪽잠을 자는 것이 나을 때도 많았어요.
>
> ─오양택

5. 소결: 일과 삶의 파랑새를 찾아서

이 장에서 살펴본 반도체 장비 고숙련 엔지니어들은 체계적인 교육 시스템이 부족했던 시대에 스스로 배움을 찾아갔다. 자기 주도적 학습을 통해 자신의 전문성을 키워 갔다. 반도체 장비라는 다양한 공학 기술이 집약된 종합예술품을 만들기 위해 한 분야 이상에서 고숙련 기술을 습득하기 위해 끊임없이 노력했다. 장비 전체를 아우를 수 있는 기술적 역량의 확보가 필요했다. 그건 학벌이나 재능보다는 얼마나 현장에서 많은 경험을 했느냐에 달려 있었다.

이들에게 일을 잘 해내서 우수한 장비를 만든다는 것은 단순히 학교나 기존에 배웠던 것을 적용시켜 결과물을 만들어 내면 끝이라는 단순한 과정이 아니었다. 일이란 자신이 성장해 가는 과정이었고, 그 과정 후에 도출된 성장은 자신의 가치가 되었다. 그 높아진 가치는 뒤이어 오는 더 나은 작품을 위해 열중하는 동력이 됐다. 또한 그 고귀한 과정과 성취물은 단연코 쉽게 버리거나 사장시키기에는 너무도 아까운 것이었기에, 자연스레 후배들에게 전수하는 데 힘을 쏟았다.

일을 단순히 돈벌이 수단이라고만 치부한다면, 일에서 의미를 찾기란 여간 어려운 것이 아니다. 그러다 보면, 내 삶의 가치와 의미를 다른 데서 찾아 헤매다 결국은 성장도 가치도 없이 쳇바퀴를 도는 자신을 발견하게 될 뿐일 것이다.

당신은 자기 일이 적성에 맞지 않는다고, 너무 힘들다고, 또는 너무 단순 반복적이어서 재미없다고 여기며 일로부터 어떻게든 멀어지려 하지는 않는가? 내가 하는 일의 의미를 축소하면서 밖에서 당신의 파랑새를 찾아 헤매고 있지는 않은가? 이 장에서 살펴본 고숙련 엔지니어들은 일을 통해 성장하고 전문가가 되기 위한 학습을 등한시하지 않았다. 그러면서 인생 최고의 역작을 만들어 가고 있었다. 오늘도 내일도 우리는 여전히 나의 일을 해야 한다. 그렇게 매일 해 나가는 일이 곧 당신의 삶을 의미 있고 가치롭게 만들어 주는 진짜 파랑새가 될지 모르니까.

#3. 우리는 정말 일을 싫어할까:
장인적 일하기

장인적 일하기란 일의 과정에서 일 그 자체에 몰두하여 기쁨을 느끼고, 일을 성실하고 주도적이며 창조적으로 수행하는 것을 뜻한다. 나아가 자신의 삶과 일을 같은 중심에 놓고 살아가고자 하는 의지와 태도를 말한다(구유정 외, 2021).

장인은 일에서 재미와 보람을 느낀다. 최근 '워라밸'과 '조용한 사직'에 대한 이슈는 일을 삶과 분리된 어두운 것으로 여기는 것처럼 보인다. 과연 그럴까? 우리는 정말 일을 싫어할까? 사실, 우리는 장인이 일에 몰두하는 모습을 바라보며 힐링되는 기분을 느끼곤 한다. 인간은 본능적으로 일의 교육적 본성을 알고 있다.

2021년 장인성 설문 결과에 의하면, '일은 내 삶의 중요한 부분을 차지한다.'는 문항에 대해 긍정적 답변이 75%에 이르렀다. 이에 반해 부정 의견은 8.5%에 불과했다. 또한 '나는 일을 하는 것이 행복하다.'는 문항에 대해 61% 이상이 일을 통해 행복하다고 했고, 부정 의견은 16%였다. 일을 진짜로 싫어하는 것이 아니라, '일다운 일'을 하고 싶은 것은 아닌지 다시 한 번 곰곰이 생각해 보아야 할 것이다.

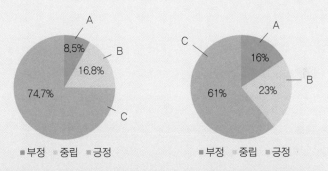

'일은 내 삶의 중요한 부분을 차지한다.'   **'나는 일을 하는 것이 행복하다.'**

Ⅳ. 일하는 삶의 젠더 갭

여성의 장인성*

경제협력개발기구(OECD)에서는 매년 국가별 성별 임금 격차를 발표한다. 2021년 자료를 보면, 우리나라 여성은 남성에 비해 임금을 31% 덜 받는 것으로 나타났다. OECD 전체 회원국 중 최하위다. 우리나라가 OECD에 가입한 지난 26년 동안 늘 꼴찌였다. 그 주요 원인으로는 불평등한 노동시장 할당 기제, 경력단절, 유리천장 등을 들 수 있다(한국일보, 2022. 12. 5.).

제IV부에서는 여성 장인이 탄생하기에 척박한 환경에서 여성들이 경험하는 일의 세계와 그 속에서 장인성의 의미를 탐색한다.

제9장
여성도 장인이 될 수 있을까

1. 여성이 경험하는 일의 세계

'마미 트랙'을 밟는 여성들

우리나라는 유례없이 빠른 속도로 산업화를 이루어 냈다. 여성의 인권도 개선되어 왔다. 가족의 생계를 위해 열악하고 비참한 여건에서 일했던 1970년대의 어린 여공들에 대해 아는가? 그들은 이제 노년의 한복판을 보내고 있을 것이다. 그 세월 동안 '결혼퇴직제' '여행원제'(남녀분리채용제도)가 폐지되었고, 「남녀고용평등과 일·가정 양립 지원에 관한 법률(약칭: 「남녀고용평등법」)도 제정되었다. 양성평등한 문화와 인식도 점차 확산되었다. 일터에서 여성들이 겪는 차별은 점차 줄어들고 있음이 분명하다.

그럼에도 불구하고, 일하는 여성들은 여전히 여러 갈림길과 허들에 직면한다. "여자가 무슨~."이라는 말을 입 밖으로 꺼내는 경우는 줄었지만, 여성에 대한 고정관념은 하루아침에 사라지지 않는다. 남성중심적 문화와 관계에서의 소외, 외모에 대한 이중잣대, 직장 내 성희롱, 워킹맘 딜레마 등 일터에서 여성들이 겪어 온 여러 문제가 완전히 해소되지 않았다. 그중에서도 오늘날 가장 해결하기 복잡하고 어려운 문제를 꼽자면 출산과 육아의 부담을 들 수 있다.

남성과 달리 여성은 출산, 육아로 인해 원하지 않는 경력단절을 경험하기 쉽다. 여성이 일 또는 가정에 대해 고민하는 것을 두고 우리는 너무 쉽게 '개인의 선택'으로 치부한다. 하지만 아내와 엄마로서의 역할에 대한 사회적 기대가 분명히 존재한다. 그리고 인간은 그런 기대에 부응하고 싶어 하는 심리를 갖는다. 이 때문에 많은 여성이 일에 대해 고민한다. 여성이 더욱 적극적으로 일에 몰입하지 못하거나 일을 그만 두는 것은 단지 개인의 선택이라기보다는 '사회적 현상'인 것이다. 출산과 육아로 인한 경력단절 여성의 비율이 점차 줄어들고 있는 것은 다행이다. 하지만 여성이 행복하게 일과 가정생활을 병행한다는 것은 쉬운 일이 아니다. 왜 그럴까?

이 문제를 더 잘 이해하려면 우리나라의 사회구조를 들여다봐야 한다. 우리 사회는 가부장적 전통과 자본주의 시장 논리가 함께 작동하고 있다. 이로 인해 성별에 따라 사회적 역할을 나누는 것이 합리적인 것처럼 여겨져 왔다. 남성은 주로 돈을 벌어 오는 가장의 역할을, 여성은 가족을 물리적 · 정서적으로 돌보는 역할을 맡아 왔다. 이렇게 성별에 따라 역할을 구분하는 사회체계를 '성별분업'이라 부른다.

성별분업의 정당화가 여성의 일에 끼친 영향은 적지 않다. 우선, 노동시장에서 남녀 간의 종사 직종이 나뉘고 같은 직종 안에서도 성별에 따라 역할이 구분된다. 예를 들어, 돌봄이나 서비스직, 비서직과 같이 전통적인 여성의 성역할, 즉 보조적인 역할과 돌보는 역할

등과 관련된 직종에서 여성의 비율이 압도적으로 높다. 이는 고학력을 요구하는 전문직 내에서도 마찬가지다. 의사보다는 간호사, 교수보다는 교사 집단 내에서 여성의 비율이 상대적으로 훨씬 더 높다.

남녀 간의 타고난 신체적 · 인지적 · 정서적 차이로 인해 서로 다른 위치에 자리하는 것이 문제인가? 성별에 따른 '차이'가 문제시되는 이유는, 결과적으로 보수가 많고 사회적 지위가 높은 자리를 남성들이 주로 차지한다는 데 있다. 남성이 기득권을 점유함으로써 여성의 고유한 경험과 강점들이 조직이나 사회구조에 의해 제대로 이해되거나 반영되지 못한다. 따라서 남녀의 일이 질적 · 양적으로 차이를 보이는 것이 '차별'로 해석될 수 있는 것이다.

이번에는 직업 활동과 가정 내에서의 돌봄 활동의 가치에 대해 생각해 보자. 우리 사회는 일 중심적이고 성과지향적이다. 우리는 너무도 당연히 직장 일을 가정을 돌보는 일보다 사회적으로 더 가치 있고 중요한 것처럼 인식한다. 하지만 가족 돌봄은 돈벌이 못지않게 의미 있고 중요한 활동이다. 새로운 생명이 태어나 건강한 성인으로 자라도록 돌보는 것이 얼마나 중대하고 무거운 사명인가? 학원비를 벌어 주는 것보다 좋은 부모-자녀 관계를 유지하고 정서적 필요를 채워 주는 것이 훨씬 더 중요할 수 있다. 건강한 가정을 꾸리고 관리함으로써 우리가 누리는 심리적 안정과 행복도 적지 않다. 부모들의 국민 멘토 오은영 박사와 같은 전문가들이 부모 역할을 강조하고 실제로 부모들은 그 중요성을 체감한다. 좋은 부모 되기란 참으로 어렵다. 하지만 노동시장에서 그 무게는 과소평가된다. 출산, 육아로 인한 여성의 경력단절은 다음 세대를 낳고 기르는 또 다른 형태의 의미 있는 일로 이해되기보다는 인적자원이 낭비되는 현상으로만 여겨지기도 한다. 비혼주의, 딩크족이 증가하는 것도 어쩌면 이런 관념과 무관하지 않을 것이다.

산업화 이후 여성의 교육 수준이 높아지면서 경제활동에 참여하는 여성이 많아졌다. 특히 2000년대 이후로 남녀의 학력 격차가 사라지면서 여성의 사회참여 욕구도 늘어났다. 남성의 역할로 여겨져왔던 경제활동에 여성이 동참하게 된 만큼 여성이 전담해 오던 가정에서의 역할도 남성과 공유되어야 하는 것 아닌가? 하지만 이를 지원할 사회적 돌봄 인프라가 제대로 구축되지 않았고, 부부간의 맞돌봄 문화도 아직 성숙하지 못하다. 이러한 환경에서 육아는 여전히 여성인 어머니가 우선적으로 관여하는 경향이 강하다. 자녀가 초등학교에 입학해도 학교 알리미와 학부모 단톡방 등 소통 창구가 사실상 엄마들 위주로 형성된다. 이후로도 우리 사회는 지나친 입시경쟁으로 자녀가 장성할 때까지 주로 엄마인 여성들이 교육에 과몰입하도록 부추긴다.

이러한 상황 때문에 여성에 대한 고정관념과 유리천장, 유리벽을 깨기가 어렵다. 함께 가정을 꾸리고 자녀를 낳지만 어머니 역할을 병행하는 아내의 갈등은 남편에 비해 훨씬 더 심하다. 출산 후 경력을 유지하더라도 가급적 근무 시간과 강도를 줄이려 할 가능성이 더 크다. 경력이 '유지'되는 것만으로도 감지덕지인 상황에서, 더 진취적으로 학습하고 도전하며 경력을 '개발'하기란 쉽지 않다. 부모 역할을 수행하기 위해 어머니인 여성은 더 느리고 완만한 경력경로인 '마미 트랙(mommy track)'을 밟는다. 기존의 커리어 트랙(career track)과 달리, 근무 시간과 강도를 줄이거나 일을 떠나는 경력단절 현상까지 겪으며, 결국은 관리직으로의 승진 가능성이 줄어들고 여러 경력 기회로부터 멀어진다(Lucifora, Meurs, & Villar, 2021). 이는 성과주의적 일터 환경에서 열등한 경로로 인식된다. 일-가정 병행이 또 다른 삶의 방식으로서 존중받기보다는 여성의 승진과 사회적 성공을 방해하는 장애요인으로만 비춰지는 것이다.

사직서를 품고 다니는 엄마들

임신과 출산을 경험한 여성들은 끊임없이 양자택일의 딜레마를 경험한다. 임신한 순간부터, 출산으로 인한 체력과 기억력의 급감을 체감할 때, 사무실의 은밀한 공간에서 홀로 유축해야 할 때, 중요한 회의가 아이의 소풍과 겹칠 때, 아이가 아플 때, 갑자기 돌봄의 공백이 생길 때, 업무의 성과를 개인의 이름이 아닌 워킹맘이라는 이름으로 평가할 때…….

'일을 해야 하나 말아야 하나?' '나는 무엇을 위해, 누구를 위해, 왜 일하는가?'를 끊임없이 스스로에게 질문하지만 명쾌한 답을 찾기 어렵다. 여학생들은 진로를 준비할 때부터 일과 경력의 방해가 될 것들에 대해 걱정한다. 결혼, 임신, 출산, 자녀의 학교 입학, 입시준비 등 생애 단계마다 고민할 이유가 충분하다.

여성 위인의 성공 신화는 현실감이 부족하다. 모든 여성이 세상을 바꾸는 1%가 될 필요는 없지 않은가? 불합리한 현실에 대한 고발은 마음의 적대감만 키운다. 여성에 대한 선입견을 깨부수기 위한 처세술만으로도 충분하지 않다. 더욱더 본질적인 답을 찾고 싶다.

일하기로 결심한 모든 여성에게는 다 일을 해야 할 나름의 이유가 있다. 생계 때문에 꼭 일해야 하는 상황이 아닌 경우에도 일을 선택한 것은 반드시 가정이 덜 중요해서는 아니다. 일도 중요하고 가정도 중요하다. 지금은 육아에 집중해야 하지만 몇 년 후에는 일에 더 집중하고 싶다. 하지만 일터는 엄마들을 기다려 주지 않는다. 고

(Go) 아니면 스톱(Stop), 둘 중 하나를 선택할 수밖에 없는 것이 우리가 살고 있는 사회구조와 문화의 한계다. 그래서 일하는 여성의 이상향에 대한 논의는 사직서를 품고 다니는 엄마들을 위해서라도 반드시 필요하다.

2. 여성도 장인이 되라고?

여성과 남성의 생애 경험은 분명 다르다. 여성이 경력을 지속하며 성장하는 과정에는 넘어야 할 산이 좀 더 많은 것 같다. 그리고 여성은 정규직 전일제 근로뿐만 아니라 비정규직, 시간제 근로, 프리랜서, N잡러 등 일하며 살아가는 방식이 남성보다 다양하다. 따라서 일하는 사람의 이상형을 그려 볼 때, 성별에 대해 고려하지 않을 수 없다.

한 가지로 수렴되는 '일하는 여성의 이상형'이 과연 존재할까? 여성과 장인성이 어떻게 교차할 수 있는지에 대해 다양한 시선이 있을 것이다.

어떤 사람은 '여성도 장인이 되는 것이 정당한가?'를 반문할지 모르겠다. 여성에게 장인이 될 것을 요구하는 건 슈퍼우먼 신드롬의 또 다른 이름처럼 들릴 수도 있다. 현대적 의미에서 장인은 "자신의 분야에서 최고의 위치에 있으며, 일하는 사람들의 모범이 될 만한 사람"이다(장원섭, 2015). 이런 정의대로라면, 일과 가정을 병행하는 여성에게 장인이 되라고 요구하는 것은 어쩌면 폭력에 가깝다고 여겨질 수도 있다. 여성에게 요구되는 사회적 역할이 다르고, 여성이 느끼는 역할 갈등이 더욱 심하다는 현실을 인식해야 한다.

노동시장에서 남녀평등에 대한 담론은 오랫동안 남성 노동자를 기준 또는 규범으로 삼아 왔다. 즉, 언제라도 회사의 필요에 따라 노동을 할 수 있는 시간적·공간적으로 자유로운 노동자, 아이나 노인을 돌볼 책임도 없이 하루 8시간 이상 일을 할 수 있는 노동자를 '이상적인 노동자'로 보고 있는 것이다. 이러한 규범에 따르면 임신과 출산을 하고 출산휴가를 필요로 하는 여성은 주변화될 수밖에 없다. ……(중략)…… '이상적인 노동자'의 기준도 여성과 남성의 성역할 차이를 기반으로 재조정되어야 한다. 즉, 남녀 모두 일과 가정을 담당해야 한다는 기반 위에서 노동조건과 대우가 이루어져야 진정한 평등이라 할 수 있다(강이수, 신경아, 박기남, 2015, pp. 141-142).

또 다른 이들은 '여성도 장인이 될 수 있다'고 말하고 싶을 것이다. 왜 여성과 남성을 구분 짓느냐며 말이다. 맞는 말이다. 그렇기 때문에 여성의 장인성에 대한 탐구를 남성과 여성의 차이를 부각하려는 시도로 오해해서는 안 된다. 여성의 장인성을 따로 다루는 이유는 세상이 하루아침에 바뀌지는 않기 때문이다. 우리나라는 양성평등을 향해 가고 있지만 아직 온전한 평등에 도달하지는 못했다. 그렇다고 법과 제도를 바꾸자며 투쟁만 할 수는 없는 노릇이다. 우리는 주어진 환경에서 최선을 다해 일상을 살아가야 한다.

여성의 장인성에 대해 다룸으로써, 우리는 이 과도기적 상황을 살아가고 있는 '일하는 여성에게 최선이란 어떤 걸까?'에 대해 생각할 기회를 가져 볼 수 있다. 여성이기 전에 일하며 살아가는 한 개인으로서 어떤 삶을 지향할지에 대한 적극적인 고민이 필요하다. 그래서 일하는 여성의 이상형을 따로 그려 보는 것이다. 어쩌면 여성의 장인성은, 양성평등과 맞돌봄이 정착된 유연한 미래사회에는 모두의 장인성이라 할 수 있을지도 모른다.

3. '장인적 여성'이란

성별을 불문하고 장인이 된다는 것의 경계는 불분명하다. 정확히 어느 지점에 도달해야 '장인의 경지'라고 볼 수 있는지는 매우 모호하다. 더욱이 여성의 경우 자타공인 최고의 수준에 이른다는 것은 남성에 비해 더 많은 허들을 뛰어넘어야 하는 일이다. 생각만 해도 숨차고 부담스럽다. 때론 그렇게 고군분투하더라도 최고의 위치가 허락되지 않는 경우도 있다. 심지어 여성이 가정생활과의 양립을 위해 절충안을 마련하거나 현실적 장벽과 타협하기도 하는 모습들은 일을 삶의 우선순위에 두는 흔들림 없는 장인의 이미지와 거리가 있어 보인다. 적정한 부모 역할을 수행하며 건강한 가정을 꾸리는 것도 사회의 안녕을 위해 가치 있고 중요한 일임을 고려할 때, 그리고 아직 그 역할을 주로 여성이 우선적으로 담당하는 현실을 고려할 때, 일에서의 객관적 성과와 사회적 위치로 여성의 장인적 수준을 구분하는 것은 곤란하다.

그렇다면 일하는 여성의 이상형은 무엇이 다를까? 이에 대한 답을 구하기 위해, 다양한 분야에서 전문적으로 일하면서 행복하게 살아가는 여성들을 잠정적으로 '장인적 여성'으로 부르도록 하겠다. '장인적 여성'의 개념은 생물학적 성별에 따라 나타나는 특성이 어떻게 다른지를 구분하려는 의도가 아니다. 엄밀히 말하자면, 남성과는 다른 생애 경험, 경력 경험을 가진 여성들만의 독특한 특성들을 포착하려는 것이다.

이 부는 2년여 동안 여러 분야에서 다양한 방식으로 일하는 15명의 '장인적 여성'을 인터뷰한 연구 결과에 기초한다. 제10장에서는 이들 가운데 4명을 소개한다. 장인적 여성 15명이 모두 장인이라고 확언하기는 어려울 수도 있다. 하지만 이들은 자신의 신념을 살아내는 주체성을 발휘하고 있었으며 일을 통해 성장하는 학습자였다는 공통점을 보였다. 사회로부터 인정받고 경쟁에서 우위에 서는 것에 집착하지 않았다. 자기 자신을 이해하고 남이 아닌 자신과의 싸움에 집중했다. 때로는 일을 떠나거나 일이 우선순위에서 밀리더라도 다시 일의 즐거움을 회복했다. 어떤 경우에는 경력단절과 육아의 경험이 일에 긍정적인 자원으로 활용되기도 했다. 즉, 주어진 여건에서 자신의 신념에 따라 실천하며 성숙한 개인으로 성장하는 과정을 선명하게 보여 주었다. 이런 측면에서 그들은 자신의 분야에서 최고로 인정받았든 그렇지 못하든, 일하며 살아가는 사람으로서 충분히 본보기가 되었다.

제**10**장
장인적 여성들의 이야기

1. '일이 아니라 길이다': 정희숙 공간 정리 디자이너

정희숙은 결혼하기 전까지 16년간 열심히 일하다가 남들에 비해 늦은 나이에 결혼했다. 누구보다 열심히 살았기에 결혼하면 남편과 아이들과 함께 행복하고 편안한 삶을 살기를 바랐다. 하지만 가사와 육아에 충실한 삶이 어느 순간부터 행복하지 않다는 것을 깨달았다.

아, 나는 일을 해야 행복한 사람이구나.

평소에 정리정돈을 잘하고 좋아했던 그녀는 정리전문가 자격과정이 있다는 것을 우연히 알게 됐다. 자격증을 취득한 후 강사로 활동하라는 제안을 받기도 했지만 이를 거절하고 정리 컨설팅 업체를 창업했다. 주부였을 때는 '지나치게 깔끔하다' '정리에 너무 집착한다' '강박증이 있는 것이 아니냐'는 부정적인 시선에 위축되곤 했는데, 정리 전문가가 되고 나니 그것이 전문성으로 인정받기 시작했다. 이제는 경력단절을 극복한 지 10년이 넘었다. 강의, 방송 등 여러 활동을 병행하고 있지만, 정희숙은 여전히 현장에 나갈 때 가장 행복하다.

> 그전에는 너무 깔끔하다고 주변 사람들에게 지적을 받았는데 일을 하니 고객들이 너무 좋아해요. 제가 일을 하면 "너무 잘했어요, 고맙습니다." 이런 이야기를 하니까 너무 인정받는 느낌이 들었거든요. 되게 행복하더라고요.

그녀는 다양한 현장에서 발로 뛰며 지식과 노하우를 체득했다. 하나부터 열까지 모든 과정에 직접 참여하고 그 속에서 직접 배우고 느끼는 경험을 중요하게 여긴다.

특히 오랜 현장 경험을 통해 정리의 의미와 사명을 세워 나갔다. 그녀는 '집은 개인의 삶이 가장 깊이 묻어나는 공간이기 때문에 그러한 공간은 그 주인의 상황을 보여 준다'고 믿는다. 우울증에 걸리면 집안 정리를 잘못할 수도 있다. 사별한 가족의 물건, 추억이 담긴 물건에 대처하는 과정에는 고객과의 소통과 공감이 필요하다. 다양한 고객의 심중을 들여다보고 정리를 통해 그들이 더욱 행복해지기를 바란다. 그러다 보니 그녀의 일은 정리정돈하는 행위에 국한되지 않는다. 그녀는 더 전문적인 '공간 정리 디자이너'가 되고 싶다. 시간이 되면 심리학, 인문학도 공부해서 정리를 통해 보다 적극적으로 고객들을 도와주고 싶다.

다른 한편으로, 후배 전문가 양성에도 힘쓰고 있다. 그저 정리의 방법에 대한 지식으로만 일하는 '자격증 취득자'가 아니라 자신처럼 실제 경험과 노하우를 몸에 장착하고 진심으로 고객을 대하는 '전문가'를 양성하고 싶다. 정리 전문가는 시대의 흐름에 따라 삶의 양식이 바뀌는 트렌드를 반영할 줄도 알아야 한다. 각 고객이 경험하는 삶을 존중하고 그에 공감할 줄도 알아야 한다. '어떻게 10년 전의 글과 그림으로 된 교과서로 현장에 대해 배울 수 있겠는가?' 이런 마음으로, 정희숙은 진정한 정리 전문가를 양성하기 위해 아파트 한 채를 구해 실습공간으로 꾸미기도 했다.

> 우리는 직접 물건을 만지며 정리하는 사람들이에요. 사람들의 생활 트렌드를 제대로 알고 일해야 하는데, 현장과 접목되지 않은 교재만으로 교육한다는 것이 이해되지 않았어요. 그래서 저는 몇 년 전에 아파트를 한 채 빌려서 교육장으로 쓰기도 했어요. 저도 자격증을 취득해서 이 일을 배우기는 했지만, 자격증보다 현장 경험이 더 우선이라고 생각해요. 자격증만 있고 경험은 전혀 없는 사람은 진짜 전문가가 아니라고 생각해요.

우연히 읽었던 책의 '일이 아니라 길이라고 정했다.'라는 문구는 그녀의 마음을 사로잡았다. 이제 정리일은 그녀에게 돈벌이도, 도피처도 아니다.

> 저는 제가 하는 것을 일이 아닌 길이라고 정했습니다.

사실, 사업을 확장하고 큰돈을 벌 수 있는 여러 방법이 있지만, 그 녀는 자신의 사업이 잘 되는 것보다 정리업계 자체의 확대와 대중화를 열망한다. 사업의 과정에서 이윤 추구보다는 정리의 본질을 잃지 않는 것을 더 우선시한다. 그녀에게는 정리에 대한 확신과 자신감이 가득하다. 정리가 개인의 삶을 바꿀 수 있다는 '정리의 힘'을 널리 알리는 게 그녀의 소명이다. 방송 출연과 유튜브, SNS를 시작한 이유도 바로 이것 때문이다.

2. 여가가 일이 되고 일이 삶이 되는……: 이재은 여성 커리어 교육자

이재은은 다양한 플랫폼을 통해 여성을 위한 진로교육 및 코칭을 제공하며 관련 사업을 활발하게 전개하는 여성 커리어 교육자다. 이와 동시에, 사업가이자 작가며 강사이고 박사이며 엄마다. 사실, 이재은의 방황은 꽤 길었다. 비서, 기자, 영어전담교사……. 다양한 직업을 거치며 끊임없이 치열하게 고민해 왔다. 그것은 휘발하지 않고 의미를 남기는 일, 나의 재능을 살릴 수 있는 일을 하고 싶어서였다.

그 와중에 결혼과 육아 계획에도 진로를 맞추고 변경해야 했다. 많은 투자와 고민에도 정착하지 못한 자신이 한심하고 괴롭기까지 했다. 주변의 지원과 격려도 없었고 육체적으로도 고단했다.

　그러던 중 기회가 찾아왔다. 블로그에 올렸던 자신의 이야기를 접한 후배의 권유로 칼럼을 쓰게 됐는데 그 글을 보고 출판사에서 연락이 온 것이다. 아마도 그때 이재은은 짜릿한 일의 기쁨, '워커스 하이(worker's high)'를 경험했을 것이다(장원섭, 2018). 출산 후 3개월 무렵, 아직 모유를 수유하는 시기에 아기를 맡기고 하루 4시간씩 카페에서 빡세게 글을 써서 출판에 성공했다. 4시간의 의미는 모유 수유를 해 본 사람이라면 알 것이다. 육아의 틈바구니에서 주어지는 짧고 강한 몰입의 시간이었다.

살아 있다는 느낌, 책에 대한 확신과 나르시즘 같은 것을 느꼈어요.

　출판물을 계기로 본격적으로 진로업계에서 활동을 시작하게 되었다. 흐름 안에 있다는 느낌, 강한 존재감이 즐거웠다. '여자 라이프 스쿨'을 설립하고 여성을 위한 경력 관련 사업을 활발히 진행해 나갔다. '여자 라이프 스쿨'은 영국의 인생 학교를 보고 영감을 얻어 만들었다. 머리에서 폭죽이 터지는 것 같았다. 이렇게 이재은은 자신의 이야기를 토대로 세상에 존재하지 않던 분야를 개척하고 자신만의 일을 창조해 나갔다. 일에 대한 깊은 성찰과 고민의 결과, 뜻하지 않게 여성으로서의 경험이 일의 소재가 된 것이다. 누구보다 자신의 존재를 진지하게 탐색해 왔기에 우연인 듯하지만, 필연이라고도 할 수 있겠다.

　이재은은 일과 여가, 그리고 가정이 어떻게 일과 서로 연결되고 통합될 수 있는지도 잘 보여 준다. 평소 그림, 일러스트, 디자인에도 관심이 많아 그 흥미를 살려 굿즈를 제작, 판매하기도 한다. 그녀가 제공하는 교육과 코칭뿐만 아니라 스티커, 화분 등의 아이템들은 일상 속에서 여성의 일과 삶을 응원한다.

> 결국은 그 사람의 정체성이고 에너지라고 생각을 하거든요. 그래서 그냥 제 삶 전체가 일과 분리되지 않고 같이 돌아가고 있는 이 느낌 자체도 저는 사실 되게 보람돼요. 예를 들면, 제 일터나 집 공간을 세팅하고 예쁘게 만드는 것에서 또 제가 아이디어를 얻어서 굿즈의 제작으로 이어지고 이런 선순환도 좋고 보람이 되는 것 같아요.

아이도 그렇다. 보통의 워킹맘들이 생각하는 워라밸(work-life balance)은 평일에는 열심히 일하고 주말에 아이 교육을 위해 박물관에 데리고 다닐 수 있는 것, 퇴근 후 아이와 교감할 수 있는 시간을 확보하는 것이리라. 하지만 이재은은 아이가 자신의 삶 속에 융합할 수 있는 방법을 찾는다. 예를 들어, 가구를 구경하러 갈 때 딸에게도 자신의 방을 스스로 꾸며 보도록 도전한다. 인테리어가 원래 자신의 관심사였기에 자기도 즐겁고, 동시에 아이도 즐거울 수 있는 활동을 함께 하는 것이다. 여가가 일이 되고 일이 삶이 되는 엄마의 삶의 태도 자체가 아이에게도 긍정적인 영향을 준다고 믿는다.

그동안 이재은은 자신에 대한 애정과 의미 있는 일을 하고 싶다는 열망, 그리고 생각한 것을 주저 없이 시도해 보는 실행력으로 일해 왔다. 그녀는 성장량이 많은 사람이다. 부끄럽지 않은 전문성을 쌓기 위해 박사학위를 받았고, 여성에 대한 고민을 여러 권의 책에 담아 자신의 목소리를 냈다.

야무지지 못했고 야망도 없었던 그녀는 오늘까지도 끊임없이 목표를 조금씩 확장하고 있다. 인터뷰 당시 이재은은 일하는 사람의 이상형은 '자신의 일을 크래프팅하는 사람'이라고 대답했다. 그 대답 그대로 이재은은 끊임없이 자신의 일을 공들여 만들어 가고 있다. 자신만의 정체성과 강점을 확고히 하여 자신만의 속도와 방법으로 일과 일 이외의 삶을 넘나들며 독창적인 일의 방식을 창조한다.

> 경계인이라는 정체성, 그게 지금까지 저를 지켜 줬던 핵심이라는 것도 알게 됐어요. 사업도 스타트업, 협동조합, 일인 기업가 중 어떤 형태로 갈지 고민이 많았는데, '3개의 다복합적인 속성을 가져야겠다. 내가 가장 잘할 수 있는 형태로!'라고 결론이 나니까 속도가 나는 것 같아요.

현재 이재은은 공공기관 기관장으로 임명되어 시대적 흐름을 반영하는 여성 일자리 창출 사업을 총괄하고 있다. 또 다른 융합을 시도하고 있는 것이다.

3. '저는 여성인 거 좋은데요.': 양소영 변호사

양소영 변호사는 가사 사건을 전문으로 하는 법무법인 숭인의 대표다. 이혼, 가정사 등의 이유로 변호사의 도움이 필요한 여성들을 위해 법인을 세웠다. '칸나 희망 서포터즈'를 설립하여 한부모 가정의 양육비를 지원하고 있다. 양육비를 고의로 지급하지 않는 비양육 부모들의 신상을 공개하는 온라인 사이트 '배드 파더스'를 개설하여 양육비 지급에 대한 사회적 관심과 실제 양육비 이행을 이끌어 내는

데 크게 기여하기도 했다.

사실, 여성 변호사로 자리매김하는 과정이 녹록치는 않았다. 검사 발령을 기다리며 대한법률구조공단에 지원한 지 얼마 되지 않아 결혼하고 곧바로 허니문 베이비가 생겼다. 남편이 공무원인데 검사 발령을 받고 나면 전국을 돌아다녀야 하는 불안정한 상황 때문에 원래 꿈꿨던 검사 대신 변호사 일을 시작했다. 처음에는 나이도 어리면서 여성인 변호사에 대한 편견을 깨기 위해 일부러 나이 들어 보이려 노력하기도 했다. 하지만 무엇보다도 변호사로서의 전문성을 위해서는 경험치를 쌓는 게 중요했다. 합동 법률 사무소를 개업해서 적극적으로 사건을 받고 경험을 쌓아 갔다. "무료로 해 드릴 테니 저에게 맡겨 주시면 나중에 성공보수만 받겠습니다."라고 하면서 10년 정도 험한 사건도 가리지 않고 맡으며 성장해 왔다. 그 사이 셋째 아이까지 낳았다.

이렇게 보면 여성으로서 겪어 온 억울함이 잔뜩 쌓여 있을 것 같다. 하지만 그녀는 여성이라는 정체성을 경쟁력으로 활용했다. 가사 사건에 집중하기 시작한 지는 10년 정도 지났다. 가사 분야는 여성이기 때문에 관심을 갖고 뛰어들 수 있었던 영역이었다. 가정의 소중함과 의미에 공감했기에 누구보다 진심으로 일에 임할 수 있었다. 그러다 보니 가사 사건에 있어서만큼은 국내 최고를 자부할 정도가 되었다. 특히 소외계층 여성들을 돕는 등 사회적으로 유의미한 공익 활동에도 꾸준히 의미 있는 행보를 이어 가고 있다. 때로는 비록 목표했던 모든 사건이 성공적이지 못할지라도 공익성을 갖는 사건을 포기하지 않고 진행한 과정 자체가 스스로의 업적이 되었다. 변호사는 장사꾼이 되기 쉬운 직업이라며, 그녀는 책임감과 인권 감수성을 놓치지 않기 위해 끊임없이 노력하고 있다.

이제는 국내 최초의 여성 로펌으로서 변호업계의 일-가정 양립 인식에도 긍정적인 영향을 끼치고 있다. 여성 변호사는 변호업계에서 경쟁력이 약한 비주류다. '그런 여성들로만 이루어진 로펌은 분위기가 어떨까?'라는 관심을 갖고 궁금해한다. 많은 여성 변호사가 일하고 싶은 로펌을 만들어 가고 있다는 뿌듯함도 크다. 그만큼 여성 변호사로서의 좋은 본보기가 되기 위해 더욱 책임감을 갖고 노력하게 된다.

> 어제도 저희 사무실에 새로 합류하신 분이 여기는 왜 누가 시키지 않아도 일을 열심히 하냐, 도대체 이유가 뭐냐고 하시는데, 이런 얘기 들을 때 뿌듯해요. ······(중략)······ 그래서 저희는 장기 근무자가 많아요. 각자가 '나 같은 사람이 많이 있으면 사회가 좋게 되는 게 아닐까?' 하는 마음으로 자기 자리에서 열심히 사는 게 좋은 게 아닐까 싶어요.

이런 일을 할 수 있었던 것은 양소영 변호사 스스로 여성이었기 때문일 것이다. 양 변호사는 여성으로서 보유하는 공감 능력, 창의력, 가족관계에서의 경험들이 여성의 경쟁력이 될 수 있다고 믿었다. 그런 자부심 때문에, 양소영 변호사는 굳이 '여성 변호사'라고 불리는 것이 싫지 않다.

> 저는 '여성' 변호사라는 사실에 대해 자긍심도 있어서 좋은데요? 여성과 관련해서 제일 안타까운 게 여성이 여성을 소외시키는 거예요. 예를 들면, 여성 스스로 가사노동에 가치를 부여하지 않거든요. 여성이 여성을 피해 자로 보고, 여성이 여성을 약자로 보고, 저는 이게 우리가 극복해야 할 부분이 아닌가 싶어요.

그녀에게는 퇴근 후 안방 침대에서 다섯 식구가 수다 떨며 삶을 나누는 시간이 제일 행복하다. 육체적으로 고갈되어 힘들 때도 있고, 로펌을 안정화시키느라 정신적으로 힘든 때도 있었지만 그녀에게는 가정이 충전지가 된다. 여성의 인권과 여성 변호사들의 성장에 기여하듯이, 그녀는 딸들에게도 자신의 삶을 주도하며 행복하게 일하는 여성으로서 귀감이 되고 싶다.

4. 일하는 나, 꽤 괜찮은 사람: 노지양 번역가

　노지양 번역가는 원래 라디오 작가로 일했다. 출산으로 일을 쉬고 8~9개월 정도가 지나자 경력단절에 대한 막연한 위기감이 찾아왔다. 그때 육아로부터 하루쯤은 벗어나고 싶다는 생각에 가볍게 시작한 것이 번역 공부였다. 하지만 번역이 '내 일이다' 싶은 느낌이 들기까지는 그리 오래 걸리지 않았다. 그렇게 운명처럼 우연히 번역을 만났다.

　번역 경력을 쌓아 온 지난 세월은 외동딸 아이가 자라 온 시간이기도 했다. 그 긴 시간 동안 일의 기복이 없을 수 없다. 노지양 번역가는 아이가 초등학교 저학년일 때가 특히 일에 몰입하기가 어려웠다고 회상했다. 하교 시간도 이르고 아직 혼자 다니기에는 어린 나이이기도 했지만, 아이는 집에 있어도 엄마와 끊임없이 소통하고 싶어 했다. 한창 일을 해야 하고, 하고 싶은 시기에 육아와 가정에도 많은 에너지를 쏟아야 한다는 현실이 여러모로 버거웠다.

　하지만 여성의 삶과 인권에 관한 책들을 번역하면서 생각이 트이고 마음의 여유를 회복했다. 조금 느리게 가더라도 일 자체를 놓지 않으면 다시 일에 집중할 수 있는 시기가 반드시 온다는 것을 깨달았고 직접 경험했다. 그래서 일을 한 번도 놓지 않고 조금씩이라도 지속했던 자신이 대견하고 감사하다.

> 제가 하고 싶은 일과 해야 할 일이 일치가 안 되고, 일을 줄이다 보니 그만 큼 경제적 · 사회적으로 인정을 못 받는 상황 때문에 무기력해지고 자존감 도 낮아지는 거예요. ……(중략)…… 육아가 계속 발목을 잡고 있지는 않 아요. 어느 시점이 되면 확 마무리가 되는 느낌이 있어요. 일을 아주 줄여 서 할 수밖에 없는 시기가 있는 것처럼. 그렇게라도 조금씩 쌓아 온 경력 이 확 폭발하는 시기가 올 수 있다는 거죠.

노지양 번역가는 번역 일의 모든 면을 사랑한다. 일을 통해 얻는 경제적 보상은 자신을 지켜 주고 자립하게 해 준다. 노력하는 만큼 만족스러운 결과를 얻을 수 있다는 점에서도 번역은 매력적이다. 마 감을 맞추기까지 자기와의 싸움, 자기관리에서 승리했다는 성취감 때문에 마침내 번역서가 출판될 때 더욱 기쁘다. 편집자와 의견을 조율하고 소통하는 과정을 통해 더 겸손하고 포용력 있는 사람으로 성숙해지기도 한다. 그래서 노지양은 번역 일을 통해 스스로를 더 사랑할 수 있게 된다.

> 정성을 다하잖아요? 누군가의 눈에는 꼭 띄어요.

번역가로 인정받는다는 것은 단순히 사회적으로 더 잘 알려지고 돈을 더 많이 벌 수 있게 됨을 의미하지 않는다. 좋은 책을 번역할 기 회를 더 많이 얻게 되고 그만큼 성장할 수 있게 됨을 의미한다. 그렇 기 때문에 번역가라는 직업이 노고에 비해 사회적으로 충분히 인정받지 못하는 현실에 대한 아쉬움에도 매번 정성을 다한다. 특히 번역 일은 개인의 역량이 가시적인 결과물로 영원히 남는다는 특징이 있다. 그래서 매번 새로운 마음으로 더 나은 문장을 쓰기 위해 최선을 다해야 한다. 한 단어, 한 문장을 번역하기 위해 책을 찾고 검색을 하고 공부한다. 묵묵히 번역서를 쌓아 가다 보니 저절로 누군가의 눈에 띄어 인정받는 번역가가 되는 것이다.

좋은 번역가는 원작자의 문장에 들어 있는 의미와 뉘앙스, 감정까지 정확히 전달하는 조용하고 투명한 그림자여야 한다. 번역하는 사람은 최대한 드러나지 않으려고 애써야 한다. 하지만 그렇게 좋은 번역가가 되어 갈수록 노지양 번역가는 번역가로서의 목소리와 일하는 존재로서의 정체성이 더욱 명확해졌다. 그런 자신만의 목소리를 담아 글을 쓰고 싶다는 의지가 생겨 직접 책을 집필하기 시작했다.

> 제 글을 쓰니 번역할 때와는 또 다르게 자존감도 높아지고, 새로운 도전의식도 생기는 점이 좋더라고요. 제 감정이 안정되니 그만큼 가정생활도 더 만족스러워지는 것 같고요.

앞으로도 노지양 번역가는 번역가로서 드러나지 않으려 애쓸 테지만, 일하는 존재로서 그녀의 일에 대한 가치관과 정체성은 더 분명히 세상에 드러날 것이다. 그리고 그 목소리는 스스로 주체적으로 일을 사랑하는 과정을 통해 더욱 단단해질 것이다.

제**11**장
일을 넘어 삶의 장인성으로

1. 좌절의 경험을 성찰의 기회로 삼으라

흔들리는 시간들이 아니라 밑으로 뿌리를 내리는 시간이라고 생각했어요.
그러려고 노력했죠.

—이재은

성별을 막론하고 누구나 일을 하다 보면 여러 가지 어려움이나 갈
등을 경험하게 마련이다. 때론 이것이 삶에서 성장의 터닝 포인트가
될 수도 있다. 특히 여성들의 경우, 여성이기 때문에 겪을 법한 문제
상황들에 직면하곤 한다. 여성으로서 일하는 과정에는 고비들이 참
많다. 같은 일을 지속했든 경력이 전환됐든, 경력단절을 극복하고
다시 일을 시작한 경우든 마찬가지다. 이때 장인적 여성들은 자신의
일에 대해 언제나 진지하게 고민했다.

가령, 비서직, 간호직 여성들의 일은 영향력이 적고 보조적이라고
평가절하하는 시선을 경험할 수 있다. 그럴 때 장인적 여성들은 '내

일이 정말 그 정도일 뿐인가?'라고 생각하며 일의 의미와 사명감을 돌아보는 사람들이었다. 남성의 비율 또는 남성 임원의 비율이 높은 회사에서 근무하는 여성들의 경우에는 종종 성차별적인 언행이나 고용 관행을 경험하기도 한다. 이런 순간에도 장인적 여성들은 자신의 처지를 성찰하고 돌파구를 탐색했다. 딩크족이 늘고 있지만 여전히 대다수의 기혼 여성이 보편적으로 겪는 임신과 출산도 경력 과정에서 중대한 사건이다. 출산과 육아에 대한 여성의 부담은 유리천장 등과 같은 또 다른 여성 노동의 문제들로 이어지기도 한다. 그래서 여성은 임신하는 순간부터 머리가 복잡해진다. 지금 하는 일이 생존을 위해 필수적인 것이 아닌 이상, 일상의 고단함을 감수할 만한 일인지, 일을 통해 내가 얻는 것이 무엇인지, 그래서 정말로 이 일을 해야겠는지 등을 고민하지 않을 수 없다.

'나는 왜 하필 이 일을 하는가?' '이 일이 정말 나에게 맞는 일인가?' 이렇게 질문하며 장인적 여성들은 이러한 위기를 '자신을 돌아보는 성찰의 기회'로 여기고 성장의 발판으로 삼았다. 크고 작은 좌절의 경험들, 특히 여성이기 때문에 겪었을 어려움에 감정적으로 반응하지 않았다. 오히려 일하는 존재로서, 여성으로서, 그리고 엄마로서 자신의 한계와 가능성을 객관적이고 이성적으로 직면했다. 장인적 여성들은 현재의 일을 지속함으로써 치러야 할 대가를 깊이 돌아보고 고민했다. 내면의 적성과 흥미, 가치에 대해 생각해 볼 뿐만 아니라 주어진 환경과 자원에 대해서도 냉철하게 돌아봤다. 자신이 잘할 수 있고 즐겁게 할 수 있는 일, 지속 가능한 일에 대해 깊이 고민할 시간을 가졌다. 이런 고민과 성찰은 어쩌면 예전에 학교를 졸업하고 주변의 어른들, 친구들의 의견을 기웃거리며 첫 번째 진로를 준비할 때 알아봤던 것들일지도 모른다. 이번에는 내면의 목소리에

더욱 집중하며 자신의 진로를 점검하게 된다.

　일의 당위성이 명확하다면, 기꺼이 의지와 끈기를 갖고 장인다운 태도로 일을 지속하기에도 유리할 것이다. 하지만 많은 사람이 일의 의미나 사명감에 대해 깊이 고민할 기회를 갖지는 못한다. 학생 시절부터 직장에 들어가서까지 끊임없이 경쟁하며 정신없이 사느라 그런 것이리라. 남성들은 가족 부양의 책임 때문에 잠시 일과 떨어져서 객관적으로 자신을 살피고 일의 의미를 가다듬을 여유조차 갖기가 더욱 어려울 것이다. 이에 비해 여성은 출산을 통해 일과의 물리적 '거리두기'가 가능하다. 장인적 여성들은 경력단절의 위기가 될지도 모르는 이 위협적인 사건을 통해 '나는 어떤 사람인가'라고 질문하고 이해하는 계기로 삼는다. 그러면서 '자신에게 잘 맞는 일, 나다운 일'에 자리 잡았다. 이러한 성찰의 과정을 통해 자기 일의 방법과 의미, 명분을 정비했다. 이때 반드시 하던 일에서 의미를 찾아야만 하는 것은 아니다. 필요하다면 자기개발의 시간을 갖고 이직을 준비할 수도 있고, 완전히 다른 방식으로 경력을 전환할 수도 있다. 장인적 여성들은 어쩔 수 없는 이러한 상황들을 전화위복의 기회로 삼아 자기 자신과 일에 대해 재고해 봄으로써 일의 진정성을 다졌다.

2. 즐김과 열심의 시너지로 성장하라

　비혼자들이 점차 늘고 있지만 여전히 많은 여성이 일에서뿐만 아니라 가정 내에서 요구되는 역할까지 병행하느라 치열하게 살아가고 있다. "제 인생에 열심히가 참 많아요."라는 회고에 많은 여성이 공감할 수 있을 것이다. 장인적 여성들은 만사 제쳐 두고 일에만 몰두하는 사람이 아니었다. 필요하다면 그런 시기를 보낼 때도 있었지만 삶의 무게중심은 수시로 이동했다. 통제하기 어려운 일상에서 아무리 서럽고 힘들었을지라도 주어진 상황에서 자신의 일에 최선을 다했다. 그리고 일하는 동안만큼은 더 많은 열정과 열심을 쏟는 집중력을 발휘했다.

장인적 여성이라고 해서 처음부터 철저하게 목표를 계획하거나 야망을 품었던 것은 아니다. 창조와 변화를 선도하거나 성장의 기회를 적극적으로 찾아 나설 물리적·정신적 여유가 없을 때도 있었다. 하지만 어떤 도전이 주어졌을 때, 이를 적극적으로 수용했다. 최소한 포기하거나 안주하지는 않았다는 말이다. 꾸준히 필요에 따라 한 걸음씩 도전하고 노력하다 보니 어느새 사명감도 생기고 목표도 조금씩 확장되었다.

그 과정이 괴롭고 고단하기만 했다면 어떻게 버티겠는가? 장인적 여성들이 외부로부터의 인정이나 보상만을 바라고 견딘 것은 아니다. 물론 금전적 보상과 사회적 인정을 통해 힘을 얻을 수 있지만, 그것만 추구한다면 외부로부터의 평가가 부당하다고 느낄 때 버티기 어려웠을 것이다. 장인적 여성들은 일하는 과정 자체를 즐겼기 때문에 자기 일에 꾸준히 성실할 수 있었다. 일 자체를 통해 얻는 기쁨과 보람이 있었기에 일상의 치열함을 견디며 자신의 일을 지키고 그 속에서 성장할 수 있었다.

여성에게 일이 주는 재미는 참 다양하다. 육아부담으로부터 벗어나 자신의 이름을 회복하는 것만으로도 신나는 일이다. 노지양 번역가는 "아이를 시어머니에게 보내자마자 새 노트북 위에서 내 손은 춤을 추듯 움직이고 있었다."라고 회상했다. 무언가를 새롭게 배우고 이루어 가는 성취감도 있고, 공들인 노력의 결과물을 통해 느끼는 성공 경험도 있다. 일과 가정에서의 경험이 서로 연결되고 서로에게 영감을 줄 때 느끼는 짜릿함도 있다. 유리천장을 깨는 쾌감도 있고 누군가에게 좋은 영향을 끼쳤다는 보람도 일의 기쁨이다. 자녀들이 엄마의 일을 자랑스러워할 때 더없이 뿌듯하다. 외부에 드러나는 경력의 화려함이 어떠하든, 크고 작은 희열과 몰입의 즐거움을 통해 장인적 여성들은 '나름의 정상' 경험을 쌓아 갔다. 일이 즐거웠기 때문에 더욱 성실할 수 있었고, 또 열심히 하다 보니 성장하고 성과를 보이며 또 다른 만족감을 느끼는 선순환을 보였다. 여성에 대한 선입견이 분하고 일-가정 병행의 고단함이 감당할 수 없을 만큼 숨 가쁠 때도 있다. 하지만 일하는 맛이 일하는 삶을 유지시켜 주었다. 일 자체에의 몰입을 통해 얻는 즐거움은 삶의 즐거움도 배가시켜 주었다.

3. 성별로부터 해방되라

"여성성을 강조하면 무능하다는 평가를 받게 되고, 여성성을 없애면 비호감이 되는 현실"(백지연, 2016)에서 일하는 여성들은 어떤 태도를 보여야 할지 막막할 때가 있다. 장인적 여성들은 성별로부터 자유로워지라고 말해 준다. 여성으로서의 자신을 너무 의식하거나 두려워하지 말라는 말이다.

여성으로서 일한다는 것은 정말로 부담스럽고 어렵기만 할까? 반드시 그렇지만은 않은 것 같다. 그렇다면 장인적 여성들은 어떤 태도로 일했을까? 장인적 여성들은 '여성'이라는 프레임으로부터 자유로워 보였다. '여성'이라는 라벨이 달려 있지만, 그것에 개의치 않고 자신의 갈 길을 가는 듯했다. 이는 여성임을 애써 부정하고 거부했다는 의미가 아니다. 여성에 대한 편견을 없애고, 그 한계를 극복하는 데에만 몰입하지는 않았다는 뜻이다. 오히려 여성이라는 정체성보다는 개별적인 자신만의 고유한 정체성과 강점에 더욱 집중했다. 자기만의 이미지, 캐릭터를 다지고 그것에 당당했다. 그래서 장인적 여성들은 여성임에도 불구하고 나름의 방식으로 행복하게 일하며 살아가고 있었다.

이에 관하여 장인적 여성 리더들을 통해 좀 더 구체적으로 설명해 보겠다. 관리직에 있는 장인적 여성들이 일하는 방식을 들여다보니 몇 가지 특징이 발견되었다. 배움과 도전에 적극적이었다, 실패를 두려워하지 않았다 등과 같이 우리가 이미 알 만한 일반적인 특성들은 여기서 굳이 언급하지 않겠다.

첫째, 조직과의 신뢰관계가 일에 몰입하는 데 굉장히 중요했다. 몸담고 있는 조직이 자신의 역량을 인정하고 성장시켜 줄 때, 개인적인 건강이나 가정 상황을 배려하는 등 정서적 지지를 보내 줄 때, 조직의 방향이 개인의 소신과 일치할 때, 더욱 진정성 있게 일할 수 있었다. 조직과의 좋은 관계가 일에 몰입하는 데 중요한 변수로 작용했다는 것이다. 장인적 여성들은 조직, 혹은 함께 일하는 팀과 이해관계를 넘어선 정서적 신뢰를 추구했다. 프리랜서와 같이 독립적으로 일하는 여성의 경우 신뢰의 대상은 고객 또는 일 자체일 수도 있다. 고객이 추구하는 가치, 일의 결과물이 끼칠 영향력에 공감함으로써 더욱 정성껏 일할 수 있었다. 그리고 그러한 일의 태도는 조직과 개인이 함께 성장할 수 있게 해 주었다.

둘째, 다양한 사람과 의견을 조율하고 갈등을 해결해야 하는 상황에서 탁월한 공감 능력과 소통 능력을 발휘하며 일했다. 상대의 입장을 경청하고 공감하여, 공격적이지 않게 설득하고 설명하는 역량을 갖추고 있었다. 이는 여성적 리더십의 대표적인 특성들이다. 여성 리더의 성향을 소위 여성적 특성들에 가두는 것은 옳지 않다. 여성이지만 공감 능력이 떨어지는 사람도 있고, 남성이라도 공감과 배려를 잘하는 사람도 있다. 전통적으로 여성적 혹은 남성적이라고 여겨지는 성격특성들의 강점을 적절히 발휘하는 양성적 리더가 되는 것이 누구에게나 중요한 시대가 되었다. 장인적 여성들도 이런 양성적 리더십을 보였다. 필요할 때는 도전적이며 결단력 있고 단호하기도 했지만, 기꺼이 자신이 여성으로서 보유한 소통과 공감력도 적절히 발휘하며 일했다.

셋째, 직장과 가정을 넘나들며 성장, 발전했다. 여성 커리어 교육자인 이재은은 출산과 육아로 인해 일에 대한 고민과 불안을 겪었던 개인적 경험을 토대로 여성 커리어 관련 사업을 하게 되었다. 제3장에서 살펴본 생활연구소 대표 연현주는 육아의 경험이 사람에 대한 깊은 이해와 존중, 인내심과 믿음을 갖는 데 도움이 되었다고 이야기했다. 교육학에는 '학습 전이(learning transfer)'라는 개념이 있다. 특정한 영역이나 상황에서 습득한 지식, 전략, 기술 등을 다른 영역에 적용하는 현상을 말한다. 인간의 모든 경험은 학습과 성장을 위한 자원이 될 수 있다. 장인적 여성들에게 일과 일 이외의 삶의 경험은 삶 전체를 통해 성숙할 수 있도록 학습 자원으로서 적극적으로 활용되었다. 장인적 여성들은 여러 삶의 장을 넘나들며 깨닫고 배우는 학습자들이었다.

이러한 특성들을 종합해 보면, 장인적 여성들은 여성이라서 이래야 한다, 이러지 않아야 한다 등의 사고에 자신을 가두지 않았다. 여성이라는 이름을 거부하지도, 그것에 갇혀 있지도 않았다. 그러다 보니 자연스럽게 때론 도전적이고 과감하기도, 때로는 신중하고 온화하기도 했다. 관계를 중시하는 여성적 특성을 보이기도 하고 육아의 경험을 일의 자양분으로 여기기도 했다. 여성이라는 사실을 장애요인으로만 생각하지 않았다는 것이다.

사실, 예전에는 일터라는 정글에서 생존하기 위해서는 남성들의 문화와 방식에 동화되어야 했다. 또는 여성이라는 핸디캡을 상쇄할 수 있을 정도의 탁월한 역량을 발휘해야 했다. 그래서 사내정치, 회식 문화에서 소외되지 않으려 애썼고, 씩씩하고 강인한 모습을 보이려 노력했다. 남성보다 두 배, 세 배 치열하게 뛰어야 경쟁에서 살아남을 수 있었다. 여성인 리더가 포용적이고 너그러운 '여성적 리더십'을 발휘했다는 칭송을 받는 것은 왠지 불편했다. 여성스러움에 자신을 종속시키는 것 같기 때문이다.

그런데 막상 오늘을 살아가는 장인적 여성들은 그러지 않았다. 그 정체성을 부정하며 더욱 치열하게 일 혹은 일터와 싸우지도 않았다. 여성이라는 차별점을 무기로 삼고 스스로 그것을 넘어서서 주체적으로 길을 개척하고 자신만의 입지를 다져 갔다.

최근 미디어에서 왜 유독 여성의 경우에만 여성 임원, 여성 변호사, 여교수라는 성별을 붙이냐는 질문이 회자된 적이 있다. 이에 대해, 앞서 보았듯이, 양소영 변호사는 "저는 여성인 거 좋은데요."라고 당당하게 말했다. 여성에게 불공평한 시장에서 나름의 영토를 다지며 자리 잡아 온 자신에 대한 칭찬이었으리라.

4. 경력의 정글짐, 더불어 누리라

페이스북과 그 후신인 메타의 최고운영책임자였던 셰릴 샌드버그(Sheryl Sandberg)는 2013년에 출간한 『린 인(Lean In)』이라는 책에서 "우리는 사다리가 아니라 정글짐을 오른다."고 말했다. '정글짐'은 『포춘(Fortune)』지의 편집자인 패티 셀러스(Pattie Sellers)가 썼던 은유인데, 기존 '경력 사다리'의 대안적 개념이라고 한다. 어렸을 때 정글짐을 타 본 사람은 알 텐데, 다양한 방향과 길을 탐색하며 자유롭게 오를 수 있다. 친구와 함께라면 더욱 즐거운 놀이가 된다.

> 사다리에서는 정상에 오르는 길이 하나뿐이지만 정글짐에서는 여럿이다. 정글짐 모델은 누구에게나 유익하지만, 특히 사회생활을 막 시작했거나, 도중에 다른 길을 걸으려고 하거나, 외부의 장애물에 의해 길이 가로막혔거나, 얼마 동안 쉬었다가 노동시장에 재진입하려는 여성에게 더욱 유익하다. ……(중략)…… 게다가 정글짐은 정상에 오른 사람뿐만 아니라 다양한 단계에 있는 많은 사람에게 멋진 광경을 선사한다(Sandberg, 2013, p. 88).

장인적 여성들의 삶은 여러 측면에서 정글짐을 오르는 것과 같았다. 우선, 장인적 여성들은 각자 처한 상황에 맞추어 자신만의 방식과 속도로 경력을 키워 갔다. 사다리와 달리 정글짐은 다양한 방식으로 오를 수 있다. 직선으로 단숨에 올라갈 수도 있지만 우회할 수도 있고 오르락내리락할 수도 있다. 장인적 여성들은 일을 지속하기 위한 동기부여와 업무 환경 조성, 시간 갈등 최소화를 위한 노력, 근로

형태 변경 등 여러 가지 방식을 동원하여 유연하게 일했다. 어떤 시기에는 일과 육아를 병행하느라 더 적극적으로 일하지 못했고, 어떤 시기에는 일과 학업까지 병행하며 경력개발에 박차를 가했다. 필요에 따라 기꺼이 일의 방식과 속도를 통제하고 변경했다. 목적지에 도착하기만 하면 되기에, 빨리 먼저 도착하는 것에 연연하지 않았다.

여성의 일에 관하여 혹자는 우리 사회의 가족 중심성을 비판한다. 여성에게 가족은 개인의 삶을 방해하는 것으로 여겨진다. 사실일 수도 있다. 가족들로 인해 여성의 삶은 더욱 무겁고 바빠진다. 특히 자녀의 유무는 여성의 삶을 180도 바꿔 놓는다고 해도 과언이 아니다. 그런데 그것이 반드시 부정적인 것만은 아니다. 육아 때문에 여성의 삶의 질이 저하되는 것은 일시적이다. 그래서인지 결혼하지 말고 커리어에 집중하면 좋겠다고 조언하는 장인적 여성은 한 사람도 없었다. 연현주 대표는 육체적·물리적으로 힘든 시기가 있지만 "왜 일 때문에 사랑하는 사람을 포기해요?"라고 반문했고, 양소영 변호사는 에너지의 충전지가 가정이라고 했다. 그들에게 가족은 또 다른 차원의 행복과 삶의 의미를 덧붙여 주는 존재이기도 했다. 경력의 정글짐을 오르는 과정에는 가족이 함께했다. 남편의 물리적·정서적 지지, 자녀의 이해와 응원이 있었다. 그래서 정글짐 정상에서의 성취 결과를 가족과 함께 나누고 누렸다.

장인적 여성들은 자신과 비슷하게 정글짐을 타는 다른 여성 동료, 후배들도 보았다. 그들은 동료들과 함께 정글짐을 오를 전략을 상의하고 노하우를 공유하기도 했다. 후배들이 좀 더 용이하게 정글짐을 오를 수 있도록 부당함과 불편함을 덜어 주고자 노력했다. 대부분의 장인적 여성들은 어느 정도의 위치에 도달했을 때, '여성'으로서의 책임과 사명감을 느끼며 새로운 목표를 세우고 영향력 있는 역할을 하고자 했다. 차별적인 관행이나 제도를 없앤다거나, 남자 후배들의 육아휴직을 지지해 주고, 유연하게 시간을 사용할 수 있게 배려해 주었다. 이렇게 장인적 여성의 삶은 가족, 여성 동료나 후배들과 함께 정글짐을 오르내리며 더불어 누리는 삶이었다.

5. 소결: 가치 지향적 삶을 위한 모두의 장인성

여성과 장인은 참 어울리지 않는 조합일지도 모른다. 얼핏 들으면, 슈퍼우먼처럼 끝까지 포기하지 말고 열심히 일하라는 것 같아 불편할 수도 있다. 실제로, 장인적 여성들을 통해 우리가 얻은 키워드가 일의 '지속가능성'인 건 맞다. 하지만 여성의 일이 지속 가능하기 위해서 필요한 것은 역설적이게도 일의 의미를 넘어서서 삶의 의미를 추구하는 것이었다.

여성 장인성은 모두의 장인성이다

남성과는 다른 삶의 경험을 가진 여성들에 대해 다룸으로써 우리가 발견한 것은 일에서뿐만 아니라 삶 전체에서 발현되는 장인성이다. 장인적 여성들은 삶의 일 중심성을 넘어서 삶의 가치 중심성을 보여 주었다. 그들은 의미 있게 일할 뿐 아니라 의미 있는 삶을 살고 싶었다. 삶의 의미에 대해 숙고했고, 그 고민의 결과 일의 의미도 쉽게 회복할 수 있었다. 여성 혹은 엄마였기 때문에 겪게 된 수많은 위기와 어려움을 통해 삶 속에서 일의 위치를 더욱 분명히 확인할 수 있었다. 정확하고 명확한 삶의 방향성은 그들이 더욱 즐겁고 만족스럽게 일을 지속하고 발전시키도록 지탱해 주었다.

그들의 가치 치향적인 삶에서는 일과 일 이외의 삶의 영역을 엄격하게 구분할 필요도 없었다. 여성으로서의 정체성과 역할들은 일에 영감을 주기도 하고, 리더십을 발휘하는 데 실질적 도움을 주기도 했으며, 일하는 존재로서의 자신을 점검해 볼 기회를 제공하기도 했다. 가족은 물리적으로는 일에 쏟을 에너지를 분산시키는 부담이기도 했지만, 일해야 할 명분을 제공해 주기도 했다. 여성이라는 정체성을 뛰어넘어서 일과 배움의 경험, 가정에서의 경험을 서로 교차시키며 자신만의 영역을 창조하고 확장해 나갔다.

여성들을 통해 우리는 인간의 삶에 대한 '카페라떼' 비유가 얼마나 적절한지 확인할 수 있다(장원섭, 2018). 이 비유는 인간의 삶이 일 중심적이지만 그 안에는 여가, 배움, 사회적 관계 등이 서로 뒤섞여 우리의 삶을 풍부하게 해 주는 현상을 묘사한다. 카페라떼는 쓴 에스프레소에 우유가 섞여 부드러운 맛을 선사한다. 풍부한 커피의 풍미를 위해 에스프레소에 우유를 섞듯, 장인적 여성들은 가치롭고 의미 있는 삶을 위해 여러 정체성과 역할을 넘나들며 일을 지속했다. 그 과정에서 자신의 영역을 확장하고 삶을 더욱 의미 있게 살아가도록 방향성을 정립하며, 끊임없이 학습하고 성장했다.

결국, 장인적 여성들을 통해 발견한 특성들을 여성들만을 위한 장인성으로 한정할 필요는 없다. 오히려 일뿐만 아니라 일 이외의 삶의 영역도 중요하게 생각하는 모두를 위한 확장된 장인성이라 할 수 있겠다. 일과 가정의 경계를 넘나들며 살아온 여성들을 통해 삶 전체를 아우르는 장인성에 대해 발견할 수 있었던 것일 뿐이다.

탐욕스러운 일에서 벗어나자

'탐욕스러운 일(greedy work)'이란 유연성을 허용하지 않고 오히려 긴 노동시간을 요구하는 일자리를 가진 사람이 훨씬 많은 보상을 얻게 되는 노동시장에 관하여 경제학자 클라우디아 골딘(Claudia Goldin)이 썼던 표현이다. 그동안 우리 사회는 탐욕스럽게 일하는 사회였다. 하루 8시간 이상의 근로시간을 확보하는 게 중요했다. 삶에서 일이 차지하는 비중이 절대적이었고, 자아실현의 주요 무대가 일터여야 했다.

이제는 직업 안정성보다는 지속가능성을 추구해야 할 때다. 지속가능한 일하기는 정규 근로시간을 지키며 안정적인 일자리를 보장받는 것만을 통해 실현되지는 않는다. 행복하고 의미 있게 일하는 것, 일의 시간과 방식에 대한 통제권을 갖고 일하는 것을 통해 가능하다. 디지털 노마드, 긱 워킹 등 새로운 일의 형태들이 불안정함에도 불구하고 매력적으로 읽히는 이유는 원하는 만큼, 원하는 방식으로 일할 수 있는 통제권 때문이 아니겠는가?

일의 주도권을 스스로 쥐고 있을 때, 일하는 속도와 방식을 조율하며 꾸준히 자신의 목표를 향해 갈 수 있다. 환경에 대한 마음을 담아 비영리 기업을 운영하는 젊은 창업가, 좋아하던 바느질을 업으로 삼아 강연까지 다니게 된 중년 여성, 교사 경력과 부모 경험을 버무려 교육에 대한 책을 쓰고 코칭 일을 하는 유튜버, 퇴근 후에 야학에서 어르신들께 과학을 가르치는 대기업 직원, 플랫폼 노동자로 일하며 원할 때 훌쩍 여행을 떠나는 젊은 청년, 경제적 자립으로 일찍 은퇴하고 좋아하는 다른 일을 즐기며 사는 파이어족까지……. 이제 각자의 가치와 선호에 따라 일하며 살아가는 방식이 예전보다 훨씬 더 다양해졌다. 요즘은 이렇게 '영혼 없이 일하기'보다 '진심으로 살아가기'를 선호하는 문화적 경향이 확산되고 있는 듯하다. 일에 많은 시간을 투입하는 양적 몰입에 대한 집착을 버렸더니, 오히려 의미 있는 일을 지향하고 사랑하게 되는 질적 몰입이 가능해졌다. 일에 대한 진심이 저절로 일 중심적인 삶을 살게 해 주고 일의 지속가능성을 확보해 주는 것이다.

우리 사회가 이렇게 다양하고 유연한 일의 방식들에 점차 포용적으로 변해 가는 흐름은 여성들에게 좋은 소식이다. 여성뿐만 아니라 가족을 꾸리며 살아가는 모든 일하는 사람의 일-가정 조화에도 도움이 된다. 양적으로 '많은 시간'을 '꾸준히' 일에 할애하는 것을 더 우월하게 보는 탐욕스러운 일의 시각에서 벗어날 수 있기 때문이다.

'4차 산업혁명'으로 다양한 일의 방식이 가능하도록 기술적인 뒷받침도 이루어졌다. 기계가 인간의 노동을 대체하고 인간의 노동시간이 짧아질 것이라는 가능성도 현실이 되어 가고 있다. 이에 따라 실제로 일이 삶에서 차지하는 양적 비중이 점차 축소되는 반면, 일 이외의 활동 시간이 더욱 많아질 것으로 예상된다.

이러한 시대적 흐름 속에서 삶의 장인성이 더욱 중요해진다. 여성을 포함한 우리 모두는 직업 활동 외에 여러 가지 활동을 하며 살아간다. 여가생활, 사회봉사, 재능기부, 자녀와 노부모 돌봄, 사회운동, 종교활동 등 그 종류도 다양하다. 우리의 시간을 채우는 여러 활동을 통해 우리는 존재의 의미를 발견하고 싶어 하는 본성을 갖고 있다. 그 활동들이 자기 자신뿐만 아니라 타인의 행복, 더 나아가 사회의 발전에도 기여할 수 있다면 우리의 인생은 더욱 가치로울 것이다. 일을 통해서만이 아니라 다른 활동을 통해서도 자신이 추구하는 가치를 실현할 수 있다면, 그래서 스스로 만족감을 느낄 뿐만 아니라 사회에도 긍정적인 영향을 미친다면, 우리는 더욱 행복하게 일하며 살아갈 수 있을 것이다.

여성이 장인성을 발휘할 수 있도록

일터에서 성별 때문에 겪게 되는 여러 어려움 중에서, 특히 일과 가정생활 양립의 어려움을 해결하는 게 참 복잡한 난제다. 고용률에 대한 통계청 자료만 놓고 보면 우리 사회의 여성 경력단절 현상은 꾸준히 개선되고 있다. 2022년 통계청이 발표한 '기혼 여성의 고용현황'에 따르면 경력단절 여성의 비율은 4년 연속 감소 추세에 있다. 하지만 경력단절 비율이 얼마나 줄었는지를 떠나, 장인성을 발휘하며 행복하게 일을 지속할 수 있는 사회 구조인지를 깊이 살펴봐야 한다. 많은 일하는 여성이 장인성을 쌓아 가며 살아가도록 돕기 위해서 우리 사회에 필요한 것은 무엇일까?

우리 각 개인은 여성의 경력단절에 대한 사회적 시선과 인식을 달리하면 좋겠다. 최근 전직 아이돌이었던 여성들이 결혼과 출산으로 인한 공백을 깨고 다시 아이돌에 도전하는 〈엄마는 아이돌〉이라는 예능 프로그램이 등장했다. '아줌마가 무슨 아이돌?'이라는 편견을 깰 수 있게 해 주는 것은 무엇일까? 그동안 가족을 지키느라 수고한 시간에 대한 인정과 그 과정에서 행복을 누리고 성숙해졌을 것이라는 믿음이다. 아줌마이기 때문에 대중에게 줄 수 있는 남다른 감동이 분명히 존재한다. 댄서이면서 엄마인 아이키가 〈스트리트 우먼 파이터〉에서 '엄마가 딸에게'라는 작품을 기획하고 준우승할 수 있었던 것처럼 말이다.

일의 세계에서는 경험의 다양성과 여러 사람과의 느슨하고 넓은 관계망을 통해 창의적이고 융합적인 역량이 발휘될 수 있다고 믿는다. 그렇다면 여성의 출산과 육아 경험도 유용한 학습의 자원이 될수 있다는 발상의 전환이 필요하다. 실제로, 우리는 부모됨을 통해전혀 다른 차원의 세계를 살게 된다. 그래서인지 여성으로 하여금피해의식을 느끼게 하는 '경력단절'이라는 표현에 대한 여러 대안이제시되고 있다. 이재은 교육자는 '경력유보/경력보유 여성'이라는용어를 제안했고, 임선영 작가는 '경준녀(경력준비 여성)'라는 표현을쓰기도 했다. 서울시 성동구는 경력단절 여성이라는 단어를 '경력보유 여성'으로 변경하고 돌봄 노동을 경력으로 인정해 주겠다는 조례를 공포하기까지 했다. 돌봄 경력의 공식적인 인정까지는 아니더라도, 경력단절이 초래하는 경제적 손실에 과도하게 집착할 필요는 없겠다.

지금까지의 여성 친화, 가족 친화 정책들은 경제적 차원에서 저출산을 해결하고 여성 인력이 소위 '낭비'되는 현상을 막기 위해 시도되었다. 하지만 여성의 일을 지원해야 하는 명분은 경제적 차원에만 머무르지 않는다. 여성은 일 속에서, 그리고 일과 일 이외의 삶의상호작용 속에서 성숙해지고 더욱 의미 있게 살아갈 수 있기 때문에이들의 일이 지속 가능하도록 지원해야 한다. 국가의 경제적 손실을막기 위한 여성 인력 활용방안이 아니라 여성의 삶의 질 제고를 위한 일할 권리 보장이 논의되어야 한다.

이런 의미에서 일하는 여성을 위한 지원책은 경력에 관한 선택의기로에서 '주체적'으로 원하는 삶의 방식을 선택할 수 있도록 하는데 초점을 두어야 한다. 사회나 일터가 원하는 방식에 맞추도록 강요하기보다는 여성 스스로가 자신의 내재적 필요와 외재적 요구를조율해 갈 수 있도록 지원하고 격려해야 한다. 다양하고 유연한 근로방식들이 포용되고 근로방식의 전환도 더욱 용이해져야 한다. '탐욕스러운 일'의 기준에 따라 전일제 정규직 근로를 위주로 하는 천편일률적인 승진과 평가체계로 여성을 재단하거나 평가하는 것도 지양해야 한다. 생애의 필요에 따라 일의 속도와 리듬을 조율할 수 있는 통제권을 허용함으로써 일의 지속가능성을 보장해 줄 수 있어야겠다. 그 과정에 암묵적인 불이익이 발생하지 않아야 한다.

우리는 다양한 삶의 경험을 통해 끊임없이 학습, 성장하는 평생학습자들이다. 이를 기억하고, 스스로 자신의 경력 경험과 생애 경험들을 엮어 나가는 주도성을 가질 수 있도록 다양한 삶의 방식을 포용하고 성장 지향적 일하기를 지지해 주어야 한다. 더욱 많은 여성이 자신이 원하는 속도와 방법으로 일을 지속하고 성장하기 위해서는 이들의 다양한 일과 배움, 사회적 관계들과 삶의 경험을 경력개발의 자원으로써 수용하고 지원하기 위한 제도적·문화적 토대가 마련되어야 한다.

맞돌봄 문화를 적극적으로 정착시키는 것도 현실적으로 큰 도움이 될 것이다. 여성의 물리적인 역할 부담을 줄여 줄 수 있다면 여성도 더 자유롭게 일할 수 있을 것이다. 공적 돌봄 인프라는 미혼모 가정, 한부모 가정, 다문화 가정 등 취약계층을 우선적으로 고려하여 구축해야 한다. 어쩌면 여성이 돈 몇 푼 더 버는 데 집착하지 않고 진정으로 원하는 일을 하겠다고 욕심 부릴 수 있는 것은, 가장 노릇을 대신하는 남편이 있거나 생계의 걱정을 하지 않아도 되는 일부 여성들만의 혜택으로 비춰질 수도 있겠다. 인생의 선택지가 존재하지 않는 취약계층 여성들도 행복하게 일할 권리를 보장해 주어야 한다. 이를 위해서는 양질의 공적 돌봄도 반드시 필요하다.

여성이 일하는 방식은 너무 다양하다. 거침없고 도전적이며 남성적 문화에 잘 융화하기도 하고 여성으로서의 고유성을 일에 적용하고 발휘하기도 한다. 자녀가 없거나 육아를 남편 등 다른 사람에게 위임하여 일에 집중하며 사는 여성도 있고, 일과 가정생활을 모두 충실하게 병행하고 싶은 여성도 있다. 결혼 혹은 출산을 거부하는 것도 개인의 선택이다. 따라서 일에 대한 몰입의 정도와 일의 방식이 개인마다, 그리고 경력의 단계마다 달라질 수 있다는 점을 이해해야 한다. 때로는 육아로 일과 멀어졌더라도 다시 일에 몰두할 수 있는 시기가 온다. 일에 대한 에너지가 다른 데 분산된다고 해서 일에 대한 열정도 반드시 줄어드는 것은 아니다. 각자 처한 상황에 따라 여성으로서 어떤 라이프 스타일을 선택하든 편견을 갖거나 열등하게 바라보지 않고, 나름의 삶에서 가치와 진심을 잃지 않도록 지원하는 데 초점을 맞춘다면 더욱 많은 여성이 장인성을 발휘하며 행복하게 일할 수 있을 것이다.

#4. 일터 영향력은 성별에 따라 다르게 인식될까: 장인적 영향력

장인적 영향력이란 일과 관련된 타인, 조직, 사회와의 직·간접적 관계 맺음을 통해 유형적 또는 무형적으로 미치는 긍정적 힘으로 정의된다. 장인적 영향력 척도는 배움 나눔, 본보기가 됨, 그리고 공동체 발전기여의 세 가지 하위요소로 구성되어 있다(최솔 외, 2021).

장인은 현대사회에서 일하는 사람의 롤모델로서 역할을 한다. 장인은 자신의 배움을 나누고 일하는 사람의 본보기가 되며, 자신이 속한 일의 세계의 발전을 위해 기여한다.

우리나라 직장인들은 일터에서 자신의 장인적 영향력을 어떻게 인식하고 있을까? 또한 성별에 따라 영향력 인식은 다를까? 2021년 설문조사에 의하면, 배움 나눔은 약간의 긍정을 나타내었고 나머지 본보기가 됨과 공동체 발전기여 부분은 중립적인 모습을 보였다.

성별에 있어서는 전체적으로 여성이 남성에 비해 자신의 영향력을 낮게 평정하는 성향을 보이는 것 같으나 유의수준 0.05에서 통계적 차이는 존재하지 않았다.

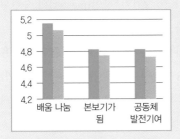

장인적 영향력	남성	여성
배움 나눔	5.14	5.06
본보기가 됨	4.82	4.74
공동체 발전기여	4.83	4.73

미주

머리글

* 장인성(匠人性)은 일반적으로 통용되는 장인정신(匠人精神) 대신, 최고의 결과물을 만들어 내는 장인의 몸에 밴 특성을 나타내기 위해 새롭게 제시한 개념이다(장원섭, 2015). Masterity 역시 장인성을 영어로 표현하기 위해 새로 만든 단어로(Chang & Koo, 2017), 장인(master)의 숙련된(mastery) 상태의 특성(-ity)을 뜻한다.

** 살아 있는 모든 것들의 생명은 다 아름답습니다. 생명이 아름다운 이유는 그것이 능동적이기 때문입니다. 능동적인 것이 곧 생명 아니겠습니까. 세상은 물질로 가득 차 있습니다. 그런데 이들은 모두 피동적입니다. 피동적인 것은 물질의 속성이요, 능동적인 것은 생명의 속성입니다.

–박경리의 마지막 산문인 〈물질의 위험한 힘〉(2008) 중에서

*** 이 절은『연세춘추』1888호(2022. 3. 20.)에 게재한 글이다.

**** 제1장은 이호진, 제2장은 강예지, 이호진과 최솔, 제3장은 이호진과 장경진, 제4장은 이진구, 제5장은 송민영과 원윤정, 제6장은 신상현, 제7장은 최현우, 제8장은 공석민, 제9~11장은 구유정이 같이 연구하고 집필했다.

제1장

* 이 장은 장원섭이 출연한 3부작 다큐멘터리 〈더 메이커스〉(YTN사이언스 2020년 1~2월 방영)와 이호진, 장원섭의 「초연결사회 1인 독립메이커의 일과 배움의 특성에 대한 사례연구」에 기반한다.

제2장

* 이 장은 강예지, 이호진, 최솔, 장원섭(2019)의 「세운상가 장인의 일과 학습에 대한 연구」(Andragogy Today 22권 4호)에 기반한다.

제3장

* 이 장은 이호진, 장경진, 최솔, 이수용, 장원섭(2020)의 「기업가 학습 특성에 관한 사례 연구: 일의 교육 관점에서」(성인계속교육연구 11권 4호)와 이호진, 장경진, 최솔, 장원섭(2020)의 「기업가 학습에 관한 통합적 문헌고찰」(기업교육과 인재연구 22권 4호)에 기반한다.

제4장

* 이 장은 이진구(2019)의 「농업분야 차(茶) 산업의 현대적 장인에 대한 질적 사례연구」(연세대학교 교육대학원 석사학위논문)에 기반한다.

제5장

* 이 장은 송민영, 원윤정, 장원섭, 백지연(2018)의 「고경력 비서의 일터에서의 성장과정에 대한 질적 사례연구」(비서·사무경영연구 27권 4호)에 기반한다.

제6장

* 이 장은 신상현(2018)의 「영업직 초기경력자의 조직사회화 과정에서 장인성 형성에 대한 질적 사례연구: 사무기 A 기업 근로자를 대상으로」(연세대학교 교육대학원 석사학위논문)에 기반한다.

제7장

* 이 장은 최현우(2017)의 「B2B 영업 우수 성과자의 학습 활동과 장인성 형성에 대한 질적 사례연구」(연세대학교 교육대학원 석사학위논문)에 기 반한다.

제8장

* 이 장은 공석민(2022)의 「고숙련 엔지니어의 장인성 형성에 대한 질적 사 례 연구: 반도체 장비 A기업을 중심으로」(연세대학교 교육대학원 석사학 위논문)에 기반한다.

제IV부

* 제IV부는 구유정, 황정산, 장원섭(2021)의 「경력역량을 통해 드러난 여성 의 장인성에 대한 질적 연구」(Andragogy Today 24권 4호), 구유정, 박수 연, 장원섭(2020)의 「장인(匠人)적 여성 리더의 일과 학습에 대한 탐색적 연구」(교육연구논총 41권 3호), 구유정, 조혜나, 장원섭(2020)의 「고경력 여성의 경력 만화경 돌리기」(Andragogy Today 23권 2호)에 기반한다.

참고문헌

강예지, 이호진, 최솔, 장원섭(2019). 세운상가 장인의 일과 학습에 대한 연구. Andragogy Today, 22(4), 59-82.

강이수, 신경아, 박기남(2015). 여성과 일: 일터에서 평등을 찾다(개정증보판). 경기: 동녘.

공석민(2022). 고숙련 엔지니어의 장인성 형성에 대한 질적 사례 연구: 반도체 장비 A기업을 중심으로. 연세대학교 교육대학원 석사학위논문.

구유정, 박수연, 장원섭(2020). 장인(匠人)적 여성 리더의 일과 학습에 대한 탐색적 연구. 교육연구논총, 41(3), 137-163.

구유정, 장원섭, 이민영, 이진희, 황정산(2021). 장인적 일하기 척도 개발 및 타당화 연구. 직업교육연구, 40(4), 1-30.

구유정, 조혜나, 장원섭(2020). 고경력 여성의 경력 만화경 돌리기. Andragogy Today, 23(2), 1-26.

구유정, 황정산, 장원섭(2021). 경력역량을 통해 드러난 여성의 장인성에 대한 질적 연구. Andragogy Today, 24(4), 1-41.

매일경제(2022. 11. 24.). 핸드메이드 마켓 아이디어스, 입점 작가 3만명 돌파.

백지연(2016). 경력개발전략 이론과 실제: SUCCESS! 진로-직업 탐색. 서울:

학지사.

송민영, 원윤정, 장원섭, 백지연(2018). 고경력 비서의 일터에서의 성장과
　　정에 대한 질적 사례연구. 비서 · 사무경영연구, 27(4), 59-86.

신상현(2018). 영업직 초기경력자의 조직사회화 과정에서 장인성 형성에
　　대한 질적사례연구: 사무기 A 기업 근로자를 대상으로. 연세대학교
　　교육대학원 석사학위논문.

이정아, 권순표, 유보람, 김혁, 장원섭(2021). 장인적 성취 척도 개발 및 타
　　당화 연구. 성인계속교육연구, 12(2), 1-28.

이진구(2019). 농업분야 차(茶) 산업의 현대적 장인에 대한 질적 사례연구.
　　연세대학교 교육대학원 석사학위논문.

이호진, 장경진, 최솔, 이수용, 장원섭(2020). 기업가 학습 특성에 관한 사
　　례연구: 일의 교육 관점에서. 성인계속교육연구, 11(4), 27-49.

이호진, 장경진, 최솔, 장원섭(2020). 기업가 학습에 관한 통합적 문헌고
　　찰. 기업교육과 인재연구, 22(4), 25-51.

이호진, 최지예, 고민석, 장경진, 장원섭(2021). 임파워링 리더십이 혁신적
　　업무행동에 미치는 영향. 미래교육학연구, 34, 53-82.

장경진, 장원섭, 이호진(2021). 장인적 학습 척도 개발 및 타당화 연구.
　　Andragogy Today, 24(2), 71-105.

장원섭(2015). 장인의 탄생. 서울: 학지사.

장원섭(2018). 다시, 장인이다: 행복하게 일할 것인가 불행하게 노동할 것인가.
　　서울: 영인미디어.

최솔, 이정아, 최현식, 김은수, 장원섭(2021). 장인적 영향력 척도개발 및
　　타당화. 직업능력개발연구, 24(1), 119-145.

최현우(2017). B2B 영업 우수 성과자의 학습 활동과 장인성 형성에 대한
　　질적 사례연구. 연세대학교 교육대학원 석사학위논문.

한국일보(2022. 12. 5.). 한국 여성은 남성보다 31% 덜 받아… 임금격차
　　OECD 1위 불명예 계속.

Anderson, C. (2012). *Makers: The new industrial revolution*. NY: Random House.

Bettencourt, L. M., Lobo, J., Helbing, D., Kühnert, C., & West, G. B. (2007). Growth, innovation, scaling, and the pace of life in cities. *Proceedings of the National Academy of Sciences, 104*(17), 7301–7306.

Brockhaus, R. (1982). *The psychology of the entrepreneur*. CA: Kent, D.L.

Chang, W., & Koo, Y. (2017). Developing 'masterity': The 'habitus' of lifelong learning. *Asia Pacific Education Review, 18*(2), 243–252.

Cope, J. (2005). Toward a dynamic learning perspective of entrepreneurship. *Entrepreneurship Theory and Practice, 29*(4), 373–397.

Cope, J. (2011). Entrepreneurial learning from failure: An interpretative phenomenological analysis. *Journal of Business Venturing, 26*(6), 604–623.

Drucker, P. (1985). *Innovation and entrepreneurship*. NY: Harper Business.

Hamilton, E. (2011). Entrepreneurial learning in family business: A situated learning perspective. *Journal of Small Business and Enterprise Development, 18*(1), 8–26.

Lang, D. (2013). *Zero to maker: Learn (just enough) to make (just about) anything*. NY: Maker Media, Inc.

Lucifora, C., Meurs, D., & Villar, E. (2021). The "mommy track" in the workplace. evidence from a large french firm. *Labour Economics, 72*, 102035. https://doi.org/10.1016/j.labeco.2021.102035

Maslow, A. (1998). *Toward a psychology of being*. 정태연, 노현정 공역 (2005). 존재의 심리학. 서울: 문예출판사.

Matlay, H., Rae, D., & Man, T. W. Y. (2012). Developing a behaviourcentred model of entrepreneurial learning. *Journal of Small Business and Enterprise Development, 19*(3), 549-566.

Passaro, R., Quinto, I., & Thomas, A. (2017). Start-up competitions as learning environment to foster the entrepreneurial process. *International Journal of Entrepreneurial Behavior and Research, 23*(3), 426-445.

Pittaway, L., & Cope, J. (2007). Simulating entrepreneurial learning: Integrating experiential and collaborative approaches to learning. *Management Learning, 38*(2), 211-233.

Politis, D. (2005). The process of entrepreneurial learning: A conceptual framework. *Entrepreneurship Theory and Practice, 29*(4), 399-424.

Sandberg, S. (2013). *Lean in: Women, work, and the will to lead.* 안기순 역(2013). 린 인. 서울: 와이즈베리.

Schumpeter, J. (1934). *The theory of economic development.* Cambridge, MA: Harvard University Press.

Secundo, G., Del Vecchio, P., Schiuma, G., & Passiante, G. (2017). Activating entrepreneurial learning processes for transforming university students' idea into entrepreneurial practices. *International Journal of Entrepreneurial Behavior and Research, 23*(3), 465-485.

Song, Z., He, L., & Zhang, Y. (2017). How do entrepreneurs learn from critical events? A case study of critical event learning. *Chinese Management Studies, 11*(4), 778-796.

Wang, C. L., & Chugh, H. (2014). Entrepreneurial learning: Past research and future challenges. *International Journal of Management Reviews, 16*(1), 24-61.

찾아보기

인명

내용

저자 소개

강예지(Ye Ji Kang)   한양대학교 의학교육학과 교수

공석민(Seokmin Gong)   AP 시스템 인사팀 수석

구유정(Yoojeong Koo)   연세대학교 교육연구소 전문연구원

송민영(Minyoung Song)   이화여자대학교 박사과정

신상현(Sanghyun Shin)   비보존제약 차장

원윤정(Yoonjeong Won)   미국 일리노이대학교 박사과정

이진구(Jinku Lee)   남다른교육연구소 소장

이호진(Hojin Lee)   연세대학교 교육연구소 연구원

장경진(Kyoungjin Jang)   미국 위스콘신대학교 박사과정

장원섭(Wonsup Chang)   연세대학교 교육학부 교수

최 솔(Sol Choi)   한국표준협회 위원

최현우(Hyonwoo Choi)   비즈니스임팩트 이사

일을 살아 숨 쉬게 만드는 힘
마스터리티
Masterity

2023년 10월 20일 1판 1쇄 인쇄
2023년 10월 25일 1판 1쇄 발행

엮은이 • 장원섭 · 이호진 · 구유정
펴낸이 • 김진환
펴낸곳 • ㈜**학지사**

04031 서울특별시 마포구 양화로 15길 20 마인드월드빌딩
대표전화 • 02-330-5114   팩스 • 02-324-2345
등록번호 • 제313-2006-000265호

홈페이지 • http://www.hakjisa.co.kr
인스타그램 • https://www.instagram.com/hakjisabook

ISBN 978-89-997-2982-9 03370

정가 16,000원

출판미디어기업 **학지사**

간호보건의학출판 **학지사메디컬** www.hakjisamd.co.kr
심리검사연구소 **인싸이트** www.inpsyt.co.kr
학술논문서비스 **뉴논문** www.newnonmun.com
교육연수원 **카운피아** www.counpia.com